Alle Rechte der Verbreitung, auch durch Film, Funk und Fernsehen, fotomechanische Wiedergabe, Tonträger, elektronische Datenträger und auszugsweisen Nachdruck, sind vorbehalten.

Für den Inhalt und die Korrektur zeichnet der Autor verantwortlich.

© 2013 united p. c. Verlag

Gedruckt in der Europäischen Union auf umweltfreundlichem, chlor- und säurefrei gebleichtem Papier.

www.united-pc.eu

Regina von Tolksdorf

Meine Mutter,
eine Stasi-Hure

Tatsachenbericht

Mit meinem Buch werde ich vielleicht den Glauben an den traditionellen, kulturell gesicherten Mythos von der grenzenlosen Mutterliebe erschüttern.
Ausgehend von der Beziehung zu meiner Mutter musste ich mich erst einmal von Ressentiments, Schuld- und Schamgefühlen befreien, um den Mut aufzubringen, mit entschlossener und schmerzhafter Ehrlichkeit, das Leben meiner Mutter, einer sich bekennenden Stasi-Hure, in einem Buch zu veröffentlichen.

Regina von Tolksdorf

Vorwort

Biographie einer Frau, die mutig, mit schauspielerischen Fähigkeiten und waghalsigen Aktionen, 1942 als Lebensretterin ihren Kampf gegen den Naziterror führte.
Wahre Begebenheiten, Tagebuchaufzeichnungen und die Schilderung aller Ereignisse basieren auf Erinnerungen, die ihre Tochter und Autorin Regina von Tolksdorf, in Form einer Lebensbeichte dokumentiert.

Im Focus steht aber auch ihre Lebensgeschichte als DDR-Bürgerin, die getarnt als Ehefrau und Mutter, ein Doppelleben führte.
Ein so genannter "Romeo", Major der Hauptabteilung Aufklärung des Ministeriums für Staatssicherheit wurde ihre große Liebe, für ihn war sie nur eine austauschbare Statistin auf seiner Lebensbühne, die er betrog, schlecht behandelte, ausnutzte und gebrauchte.

So wird der Leser auch mit der Karriere einer "Agentin und Liebesdienerin" des MfS konfrontiert, die als solche im gesellschaftlichen DDR-Alltag nicht typisch, sondern
singulär war.

R.v.T.
Berlin
Januar 2012

An einem grauen Novembertag wurde ich telefonisch in eine Seniorenresidenz gebeten, um dem Wunsch einer langjährigen Bewohnerin nachzukommen und sie, die "Frau Gräfin", aufzusuchen.
Sie war die Frau, die mir vor sechzig Jahren das Leben schenkte und nur dafür fühlte ich mich ihr gegenüber noch zu Dank verpflichtet, denn unsere Wege trennten sich schon vor vielen Jahren.
Respekt vor dem Alter und eine gute Erziehung führten mich letztendlich in die Residenz.
Was ich dann betrat, entsprach eher einem indischen Palast.
Ein Page, ausgestattet mit weißen Glaceehandschuhen, bemühte sich um Gäste und Bewohner. Die Rezeptionsdame geleitete mich durch die von Licht durchflutete Marmorhalle zum Appartement der "Gräfin" und gestand dabei ganz kleinlaut:
"Ihre Frau Mutter kommuniziert nur noch mit uns, wenn wir sie standesgemäß mit "Frau Gräfin" anreden und ihr die Mahlzeiten auf einem Silbertablett serviert werden."
Mir stockte der Atem, als ich das Zimmer betrat. Fast zehn Jahre lagen zwischen unserem letzten Treffen. Die ältere Dame mit den gepflegten weißen Haaren, modern gekleidet und gehüllt in feinstem Tuch, saß bequem in einem mit Gobelinstoff bezogenen Ohrensessel zwischen Barockmöbeln und Perserbrücken.
Sie wirkte noch immer selbstsicher, kontaktfreudig und ihre Erscheinung vermittelte Sympathie und Vertrauen.
Noch Stunden zuvor quälte mich die Frage, wie werde ich sie begrüßen, was erhofft sie sich von mir?
Ihre freundlichen Worte, eine herzliche Umarmung, nahmen mir die Entscheidung ab und während ich ihre Lieblingsblumen, weiße Gladiolen, in die Bodenvase steckte, dankte sie mir unter Tränen für mein Kommen.

Ihre Emotionen sofort wieder unter Kontrolle, fuhr sie fort:
"Du bist meine Tochter, eine intelligente Frau, schreibst sehr viel, vielleicht gelingt es Dir, autobiographisch mein Leben zu ordnen, um Menschen, denen ich vielleicht auch Unrecht tat, seelische Verletzungen zufügte - den Grund für mein Handeln verständlich zu machen."
Sie zeigte mir schon längst vergilbte Briefe und Aufzeichnungen aus ihrem "anderen Leben"
und begann ihre Lebensgeschichte zu erzählen.

Kapitel 1
Erinnerungen

Regina, mein Kind, ich erinnere mich an den Herbst 1942 in Süddeutschland.
Fernab vom Kriegsgeschehen, lebte ich mit meinen Eltern auf dem Weingut meines Großvaters Wilhelm.
Den alten Grafen plagte seit Jahren die Gicht, so saß er täglich in der Bibliothek vor dem wärmenden Kamin und erhoffte sich Linderung für sein Leiden.
Meine Mutter Elisabeth, die gute Fee im Gutshaus, organisierte, plante und umsorgte liebevoll unsere Familie.
Nur Vater Erich, deinem Großvater, ließen die Geschäfte kaum Zeit dafür.
Er reiste viel und wenn er einmal für eine längere Zeit auf dem Gut verweilte, zog er sich tagelang in sein Arbeitszimmer zurück, bewacht von seinen beiden deutschen Doggen Dugal und Alfo. Sie waren ganz auf Vater fixiert und ich fühlte, es lag eine mystische Bindung zwischen ihnen.
Wenn er eine Möglichkeit sah, durchquerte er mit ihnen unabhängig vom Wetter, ausgiebig die Wälder. Einmal kehrten sie nach stundenlangem Sparziergang im Dauerregen ohne eine Spur von Nässe in Kleidung und Fell zurück. Dies erweckte meine Neugier.
Was könnte der Grund hierfür sein?
Ich hatte großen Respekt vor meinem Vater, niemals hätte ich es gewagt, ihn darauf anzusprechen.
Damals ahnte ich noch nicht, dass ich die letzten unbeschwerten Tage meiner Jugend auf dem Gut verbringen würde.
In der nahe gelegenen Klinik, absolvierte ich gerade eine Ausbildung zur Diätassistentin und stand kurz vor

der Abschlussprüfung.
Für ein junges Mädchen war das Landleben sehr einsam, Kavaliere gab es nicht, Freundinnen hätte ich vielleicht in der Stadt gefunden, Kino- und Theaterbesuche blieben ein Wunschtraum.
So verbrachte ich auch meinen Geburtstag nur mit Großvater Wilhelm, Mutter Elisabeth und unserer Hausdame.
Vater befand sich schon wieder auf Geschäftsreise, diesmal nach Berlin, er tat dabei so geheimnisvoll, als er uns den Ort verriet und ließ sogar Dugal und Alfo auf dem Gut zurück. Es gehörte dann zu meinen Aufgaben, die Hunde auszuführen, was ich nur sehr ungern tat. Sie tobten zwischen den alten Steinmauern herum, versuchten ständig eine Fährte aufzunehmen.
Vor Großvaters Weinkeller, eine mit Sträuchern verwilderte Ruine, sie befand sich ca. 50 Meter vom Gutshaus entfernt, verhielten sich beide sehr auffällig.
Als ich sie aufforderte weiterzugehen, spitzten sie die Ohren und knurrten.
Ihr Verhalten ängstigte mich.
Ich wurde abgelenkt durch ein Schauspiel am Himmel.
Die Wildgänse sammelten sich in "V-Formation" für den Flug in ihre Winterquartiere.
In gewissen Abständen setzten sie dann ihre Positionslaute, ein "Schreien", dass man kilometerweit hören konnte.
Fasziniert sah ich ihnen nach, aber das "Schreien" verstummte nicht, es wurde lauter und kam jetzt eindeutig aus der Ruine.
Ich musste in den alten stillgelegten Weinkeller gelangen. Mit Dugal und Alfo, bereitwillig an meiner Seite, irrte ich in den unterirdischen feuchten und dunklen Gängen umher, bis die Hunde plötzlich vor einer Eisentür anschlugen.
Als es mir mit viel Mühe gelang sie zu öffnen, blickten

mich, erstarrt vor Angst, Menschen an. Ein junges Mädchen hatte gerade ein Baby geboren, ihr Schmerz hatte sie verraten. Während die Frauen sich um Mutter und Kind bemühten, versuchten die Männer, die von ihrer Kleidung entfernten gelben Sterne vor mir zu verstecken.

Zitternd auf wackligen Beinen, betrat ich den Weinkeller.

Dugal und Alfo stellten sich sofort beschützend vor mich.

Noch immer schockiert, sprach ich mit leiser Stimme zu ihnen:

"Bitte, haben Sie keine Angst, ich bin nicht Ihr Feind! Mit meinen Eltern und dem Großvater, lebe ich hier auf dem Gut.

Woher kommen Sie und was führt Sie in den Weinkeller?

Ich gebe Ihnen mein Wort, Sie können mir vertrauen, ich werde Sie nicht verraten!"

Erst dann bemerkte ich, dass der Keller mit allem Notwendigen ausgestattet war. Hier lebten auf engstem Raum drei jüdische Familien, das wurde mir sehr schnell bewusst.

Da war die Stille, die Dunkelheit, kein Sonnenlicht und der einzige Weg nach draußen ist eine rostige Eisentür, die durch ein modriges Kellergewölbe führt.

Sie hatten furchtbare Angst, jeder von ihnen weiß zu diesem Zeitpunkt, dass der fensterlose, abgelegene Weinkeller ihr Leben retten konnte.

Zurück im Gutshaus, hütete ich erst einmal mein Geheimnis.

Großvater Wilhelm, der alte Graf, stand schon im neunzigsten Lebensjahr und registrierte kaum noch seine Umwelt. Mutter Elisabeth, immer hilfsbereit, für solch eine Tat aber fehlte ihr sicher der Mut.

In den darauf folgenden Tagen half ich den jüdischen

Familien so gut ich konnte und langsam begannen sie, mir zu vertrauen.
Ich versorgte die junge Mutter mit Hühnersuppe, besorgte aus dem Krankenhaus Medikamente und Milchpulver.
Über ihren menschlichen Schutzengel aber schwiegen sie weiterhin, fühlten sich noch immer an das Versprechen gebunden, unter keinen Umständen etwas über die Identität ihres Beschützers zu verraten.
Der konnte nur mein Vater Erich sein.
Die zahlreichen Geschäftsreisen, tagelang schloss er sich danach in seinem Arbeitszimmer ein, durfte nicht gestört werden.
Ausgiebige Spaziergänge bei strömendem Regen mit seinen Doggen Dugal und Alfo, doch ihr Fell zeigt keine Spur von Nässe.
Die Heimkehr meines Vaters konnte ich kaum erwarten.
Als er am darauf folgenden Tag über den Weinberg zum Gut hochfuhr, ritt ich ihm schon aufgeregt entgegen und unterrichtete ihn sogleich über die Geschehnisse.
Er zeigte sich erleichtert und zugleich auch stolz.
Am Abend bat er mich in sein Arbeitszimmer und begann über die schicksalhafte Begegnung mit den jüdischen Familien zu erzählen.
Mit einer Karaffe Rotwein, nahmen wir vor dem wärmenden Kamin Platz.
Liebevoll strich Vater mit seiner Hand über meinen Kopf und sprach:
"Ein jüdisches Sprichwort besagt, wer ein einziges Leben rettet, rettet die ganze Welt."
Es begann im Herbst 1940. Die Nazis errichteten zahlreiche jüdische Ghettos in Warschau, Lublin, Krakau und Lodz.
September 1941 wurde dann eine Polizeiverordnung erlassen, über die Kennzeichnung der Juden, mit Einführung des Judensterns im Reich, für alle jüdischen

Bürger vom 6. Lebensjahr an und dies war erst der Anfang.
Schon einen Monat später, wird jüdischen Staatsbürgern die Auswanderung aus dem Deutschen Reich verboten.
Es folgt ihr Ausschluss als Fernsprechteilnehmer, ihnen wird untersagt Leihbüchereien zu benutzen.
Der Kauf von Lebensmitteln wird täglich auf eine Stunde festgelegt und sie werden vom Zeitungsbezug ausgeschlossen.
Auf der Wannsee-Konferenz über die Ausrottung der europäischen Juden, im Januar 1942, steht die "Endlösung der Judenfrage" auf der Tagesordnung.
Umgehend folgt ein Erlass über die Kennzeichnung der Wohnungen von Juden.
Ihnen wird die Benutzung öffentlicher Verkehrsmittel verboten.
Am 1. Juni 1942 begann die Nazi-Mordmaschinerie mit den Massenvergasungen jüdischer Bürger im Lager Auschwitz. Sie wurden in Gaskammern ermordet und nach ihrem Tod vermarktet. Ihnen wurden die Goldzähne gezogen, ihre Knochen wurden zu Dünger, ihr Körperfett zu Seife verarbeitet.
Ein Schicksal, das sie mit anderen europäischen Juden teilen.
Vater versagte die Stimme, sie erstickte unter Tränen.
Unfassbar, ich konnte kaum glauben, welch unsagbares Leid diesen Menschen zugefügt wird. Der Gedanke an die jüdischen Familien, versteckt im alten Weinkeller, lies mich nicht mehr los, sie konnten nichts tun, hatten keine Chance, Vater muss sie retten und ich wollte ihm dabei helfen.
Täglich, während Mutter nach dem Abendessen ihre Deckchen stickte und Großvater seine Zinnsoldaten auf dem Rauchtisch platzierte, suchten Vater und ich den Weinkeller auf.
Wir versorgten unsere "Gäste", sprachen mit ihnen und

schmiedeten gemeinsam erste Fluchtpläne.

Elisabeth und dem alten Grafen konnte Vater glaubhaft erklären, mit geheimen Weihnachtsüberraschungen beschäftigt zu sein.

Auch wenn es auf dem Lande noch ruhig war, wir befanden uns im Krieg und mussten jede friedliche Minute sinnvoll nutzen.

Wenn ich mit Vater allein war, sprachen wir grundsätzlich nur von unseren Gästen, jede andere Bezeichnung, hätte unser Todesurteil bedeuten können.

Niemals habe ich erfahren dürfen, wie sie auf unser Gut kamen und in welcher Beziehung er zu ihnen stand.

Aus diesem Grund hat er auch seine Kontakte geheim gehalten, keine Namen genannt und Schriftstücke nach Erhalt sofort im Kaminfeuer verbrannt.

Er sagte einmal zu mir:

"Mein liebes Kind, dies ist kein Spiel, Du kannst Dir nicht vorstellen, wozu diese Nazis fähig sind, wenn sie unsere "Gäste" entdecken würden. Organisationen im Ausland wären in Gefahr und sei versichert, um an Hintergrundinformationen zu gelangen, wenden sie Methoden an, die ich nicht weiter benennen möchte.

Hier geht es nicht nur um unsere Juden im Weinkeller, sondern um Tausende die auch durch mutige Schutzengel versteckt werden. In der jetzigen Zeit, darf nicht einmal Deine rechte Hand erfahren, was die linke vorhat.

Unsere "Gäste" halten sich hier auf dem Gut nur kurzzeitig auf, ich werde ihnen bei der Flucht über die Grenze in die Schweiz helfen, von dort versuchen sie, wie viele ihrer Landsleute, nach Amerika auszuwandern."

Vater verriet mir, dass die Familien aus Berlin-Wilmersdorf, ein Bezirk mit dem höchsten Anteil jüdischer Bevölkerung, flüchteten.

Sie gehörten der Grunewald-Gemeinde an und waren

mit dem Rabbiner Dr. Emil Cohn, der bereits in den Staaten lebte, verwandt.

Allein in Berlin sind es bis zu 7000 Juden, darunter viele Kinder, die ab Herbst 1941 wegen der beginnenden Deportationen und des Ausreiseverbots untertauchen.

Für Familien war der Überlebenskampf in der Illegalität am schwersten.

Gerade diese Menschen wollte er retten, beschützen, die Alten und Schwachen, denn wer konnte, war längst ausgewandert nach Übersee oder irgendwohin, wo es sicher ist.

Im Oktober 1941 wurden über 58 000 Juden aus Berlin in die Ghettos und Konzentrationslager deportiert. Eine Synagoge und ein jüdisches Altersheim in Berlins Mitte waren die beiden großen Sammellager.

Vor den Augen der Berliner Bevölkerung mussten dann die jüdischen Gefangenen in Kolonnen quer durch die Stadt bis zum Bahnhof Grunewald laufen.

Er lag fernab von der Großstadthektik im Villenviertel Wilmersdorf.

Dieser Güterbahnhof war aus der Sicht der Nazis besonders geeignet für die Deportation der Juden. Zum einen lag er nicht im Innenstadtbereich, somit konnten sie vieles vor der Öffentlichkeit geheim halten, zum anderen war er mit guten Verkehrsverbindungen ausgestattet.

Im Oktober 1941 ging vom Bahnhof Grunewald Gleis 17, der erste „Sonderzug" mit ca. 1000 jüdischen Bürgern in das Ghetto "Litzmannstadt", nach einem deutschen General benannt.

Man ließ die Menschen vor allem in der Anfangszeit im Glauben, dass die Juden nur in den Osten "umgesiedelt" würden.

Jedoch mit der zahlenmäßigen Zunahme der Transporte war eine Geheimhaltung nicht mehr möglich.

Jüdische Veteranen des Ersten Weltkrieges, Ältere und Prominente wurden nach Theresienstadt deportiert.
Beinah täglich rollten die Züge mit jeweils 100 Berliner Juden in das Altersghetto Theresienstadt.
Viele haben sich der Deportation durch den Freitod entzogen.
Vater hatte es irgendwie geschafft, unsere jüdischen Familien, vor diesem Schicksal zu bewahren. In letzter Sekunde holte er sie aus ihrer Wohnung in Berlin, versteckte sie in seinem kleinen dreirädrigen Lieferauto, das er zuvor mit der Aufschrift (Abdeckerei) tarnte und erreichte nach einer Nachtfahrt den Gutshof, wo er sie dann im alten Weinkeller versteckte und mit dem Nötigsten versorgte.
Als Vater mich vertrauensvoll in seine Rettungsaktion einweihte, war ich voller Stolz, solch einen wunderbaren Menschen an meiner Seite zu haben.
Fortan war es für mich oberste Priorität, ihn in seiner Arbeit zu unterstützen, um gerade die Schwachen und Hilflosen in Sicherheit zu bringen.
Am Abend suchten wir gemeinsam den Weinkeller auf, ich wollte mehr über das Schicksal unserer "Gäste" erfahren.
Da sie in ständiger Angst vor Denunziation lebten, wollte ich diese Menschen nicht noch zusätzlich mit meinen Fragen quälen.
Wir sprachen mit dem älteren Ehepaar Poldek und Juda, sie haben ihr wenig Erspartes zuvor den Kindern gegeben und ihnen somit die Ausreise ermöglicht.
Da war die Krankenschwester Frieda mit ihrem herzkranken Mann Jakob, deren Wohnung durch die Nazis verwüstet wurde, während sie im Hinterhaus Kinder beaufsichtigten.
Die junge Mutter Helene, die viel zu früh, gleichzeitig mit dem Schrei der Wildgänse, ihr Baby auf die Welt brachte und ihr Verlobter Itzhak, der in seiner

Verzweiflung die Nabelschnur durchbiss, weil er nur ein rostiges Küchenmesser zur Verfügung hatte.
Wir mussten sie alle schnellstmöglich über die Schweizer Grenze in Sicherheit bringen, denn es wurde zunehmend schwieriger.
Die Gefahr drohte auch von oben aus dem Gutshaus, der alte Graf, Mutter Elisabeth, die Hausangestellten und unser Stallbursche, der trotz Verbot immer zwischen den Ruinen herumschlich und mit Hölzern zündelte.
Schon am nächsten Tag standen wir vor einer Situation, die Vater zu einem schnellen Handeln zwang, unsere "Gäste" befanden sich in größter Gefahr, sie waren auf dem Gut nicht mehr sicher.
Nachdem die Familie zu Abend gegessen hatte, Mutter und Großvater ihren Hobbys nachgingen, schlugen plötzlich Dugal und Alfo heftig an. Sie sprangen an der großen Eingangstür so hoch, dass ich Mühe hatte, sie zu bändigen.
Auf dem Gutshof musste etwas sein, was sie so erregte.
Keinesfalls hätte ich jetzt die Tür öffnen dürfen.
Vater war schon im Weinkeller, um nach dem Rechten zu sehen, da schellte die große Hausglocke.
Mein Herz klopfte bis zum Hals, als ich die Tür öffnete und drei uniformierte Herren um Einlass baten.
Oh mein Gott, es sind hochrangige SS-Offiziere, hat uns jemand verraten, wird man uns jetzt verhaften und erschießen?
Sie sind freundlich, jetzt bloß keinen Fehler machen!
Ich setze ein verführerisches Lächeln auf:
"Einen wunderschönen Guten Abend meine Herren, haben Sie sich verfahren, kann ich Ihnen vielleicht helfen?"
"Ja, hoffentlich, wir sind oben im Bergschloss zu einem Arbeitsessen eingeladen, aber der Wirt ist zu einer Feierlichkeit in die Stadt gefahren und vergaß, den Wein für unsere Damen bereitzustellen. Im Ort erfuhren

wir von Ihrem Weingut, und bitten nun um ein paar Kisten eines guten Tropfens."
Ich geleitete sie in die Eingangshalle und reichte ihnen Rauchwaren, die sie dankend annahmen.
Dies waren die schlimmsten Momente in meinem noch so jungen Leben, die SS im Haus, im Keller jüdische Flüchtlinge und Vater nicht bei mir!
Ich holte noch einmal tief Luft, lächelte und suchte erneut das Gespräch mit ihnen:
"Natürlich werde ich helfen, nur eine Bitte an Sie, hier leben noch die Eltern und der alte Graf, mein Großvater, auf dem Gut. Mutter ist sehr schüchtern und ängstlich, Großvater schon etwas verwirrt, keinesfalls darf er erfahren, das wir seinen Wein anrühren. Vater wird wieder heimlich rauchen, sicher kommt er gleich."
Durch die vielen Stimmen aufmerksam geworden, stand plötzlich Großvater Wilhelm im Salon und salutierte vor den Offizieren.
Zu allem Unglück führte er sie auch noch in das Kaminzimmer zu seinen Zinnsoldaten.
Nun kam auch noch Mutter Elisabeth hinzu und fragte höflich, ob einer der Herren mich ausführen wolle.
Dann stand Vater, blass vor Schreck, mit Schweißperlen auf der Stirn vor mir und hoffte auf eine Erklärung.
"Vater, Du sollst doch nicht heimlich rauchen, Dein Herz, schau in den Spiegel, denk doch an uns!
Jetzt führe bitte Großvater aus dem Salon, wir haben mit den Herren etwas zu besprechen, was nicht für seine Ohren bestimmt ist."
Vater Erich verstand und nutzte sogleich die Gelegenheit, sich zu beruhigen, während er Großvater mit einer guten Zigarre in den Rauchsalon lockte.
Als Erich wieder den Salon betrat, ergriff ich sofort das Wort und wiederholte noch einmal die Bitte der Offiziere, nach einem guten Tropfen.
Sichtlich erleichtert, versprach Vater ihnen, den Wein

gleich zum Wagen zu bringen und ihn als ein Geschenk des Hauses anzusehen. Somit konnten sie endlich das Gut verlassen.
Am Fenster beobachtete ich, wie Vater ihnen solang nachschaute, bis die Rücklichter des Autos in der Dunkelheit verschwanden.
Später, im Weinkeller haben wir über den Vorfall geschwiegen.
Erich war sehr besorgt, die Papiere für die Flucht der jüdischen Familien konnte er nicht so schnell beschaffen, nun musste er umgehend eine Zwischenlösung finden, denn sie waren auf unserem Gut nicht mehr sicher.
Gleich am nächsten Tag begab er sich wieder in geheimer Mission zu einem Treffen, um ein neues Fluchtquartier zu organisieren.
Bis zu seiner Rückkehr vergingen noch einige Tage.
Durch die kalten Nächte herrschte viel Betrieb am Weinberg, die Winzer riefen zur Eisweinlese, jetzt sahen wir eine Chance, die Familien unauffällig vom Gut zu bringen.
Wir bemühten uns, sie so gut wie möglich für die erneute Flucht auszustatten und bedienten uns dabei ungefragt aus der Kleiderkammer.
Der Graf konnte durch seine Erkrankung die warme Jagdbekleidung, die auch aus mehreren paar Stiefeln bestand, nicht nutzen, damit versorgten wir nun die Männer.
Elisabeth´s Wintergarderobe wärmte die Frauen und das Baby wurde in dicke Schaffelle eingebettet. Auf dem Dachboden entdeckten wir noch meinen alten Kinderwagen und einige Spielsachen, welch ein Glück für das Kleine.
Nun warteten alle auf den Tag X, an dem Vater Erich endlich sein Geheimnis lüftet und uns die weitere Vorgehensweise offenbart.

Wie hoffnungslos die Situation der Familien in der alten Ruine war und wie verzweifelt er sein musste, wurde mir erst bewusst, als er mich in sein Vorhaben einweihte.
Wenige Kilometer von unserem Gutshof entfernt, residierte in einer herrschaftlichen Villa, der Ortsgruppenleiter Johannes, der einmal zu unseren Weinkunden gehörte.
Er ist hoch verschuldet und für seinen ausschweifenden Lebenswandel weit über die Ortsgrenze hinaus bekannt.
Es gehörte zu seiner parteirechtlichen Funktion, durch geeignete Veranstaltungen, die er regelmäßig in seiner Villa durchführte, die Bevölkerung nationalsozialistisch auszurichten und Fragebögen über alle Einwohner anzufertigen, um die politische Zuverlässigkeit der Bürger im Sinne des Nationalsozialismus zu prüfen.
Vater kannte die Bauweise der unterirdischen Gänge in der Villa sehr gut, hatte er doch dort ein Weinlager eingerichtet und dabei ganz zufällig, einen kleinen Bunker entdeckt, der durch einen fast zugemauerten schmalen Gang, hinaus in ein Waldstück führte.
Hier nun wollte er die jüdischen Flüchtlinge vorübergehend unterbringen.
Dies setzte natürlich unseren ungestörten Zutritt zur Villa voraus.
Wir entwickelten einen waghalsigen Plan.
Den Fluchttransport konnten wir nur in der Nacht, während der Eisweinlese durchführen, dies war unsere einzige Chance, mit den jüdischen Familien das Gut zu verlassen.
Fortan zählte die Zeit zu unserem größten Feind.
Aber wir mussten einen teuflischen Plan umsetzen und der kleinste Fehler dabei, hätte für alle tödlich enden können.
Ich sah anfangs in der aktiven Fluchthilfe eher noch das Abenteuer, denn für mich waren diese Menschen, die

wir da versteckten, keine Verbrecher.
Über Bestrafungen der Nazis, ihren Methoden, sprach Vater nicht und Gerüchte, die man hinter vorgehaltener Hand tuschelte, hielt ich damals für unwahr und übertrieben.
Darüber machte ich mir auch weiterhin keine Gedanken.
Ich wollte nur "unsere Juden" in Sicherheit wissen, sie sollten ein menschenwürdiges Leben führen können und das Baby endlich einmal Waldluft schnuppern und Sonnenstrahlen empfangen.
Es kostete Vater Erich schon ein wenig Überzeugungsarbeit, Mutter Elisabeth mit seiner Idee zu beeindrucken, dem Ortsgruppenleiter Johannes, samt Ehefrau Irmgard und Sohn Wilfried eine Einladung, zu einem Abendessen auf unserem Weingut auszusprechen.
Als dieser dankend annahm, konnten Vater und ich, weitere Vorbereitungen für die Flucht treffen.
Am Wochenende erschien dann die gesamte Familie des Ortsgruppenleiters auf dem Gut.
Die Eltern zeigten sich wieder einmal als hervorragende Gastgeber. Sie servierten ihren besten Wein und betreuten fürsorglich ihre Gäste. Zu fortgeschrittener Stunde wurde die Stimmung immer lockerer und somit ging unser Plan voll auf.
Ich brauchte natürlich eine Notlüge um zwischenzeitlich heimlich das Gut verlassen zu können.
Vater entschuldigte mich bei den Gästen und erklärte ihnen, hervorgerufen durch einen kleinen Reitunfall, laboriere ich an einer leichten Gehirnerschütterung und benötige doch unbedingt etwas Ruhe.
Währenddessen im Gutshaus kräftig gefeiert wurde, begab ich mich in den Weinkeller und bereitete alles für die sofortige Flucht der Juden vor.
Jetzt trug ich die alleinige Verantwortung für diese hilflosen Menschen und mir ging es gar nicht gut dabei,

ich musste sie sicher in die Villa bringen, all ihre Hoffnung auf ein menschenwürdiges Leben in Freiheit, diese schwere Last lag auf meinen Schultern, noch viel größer war die Angst, unter ihr zu zerbrechen.
Mir ist übel, schwindlig, mein ganzer Körper zittert, die Furcht, all das zu zerstören, was Vater monatelang mühevoll organisiert und aufgebaut hat, treibt mich fast in den Wahnsinn!
Ich weiß, jede Sekunde denkt er an uns, betet, dass die Flucht gelingt!
Dann schaue ich in die jüdischen Augen, sie sind voller Hoffnung, bittend, das nimmt mir die Angst und gibt mir wieder Kraft, für sie stark zu sein.
Schnell hole ich die vom Vater bereitgestellten sechs Weinkiepen aus dem Keller, für jede Person eine, um sie mit dem Notwendigsten befüllen zu können, denn Koffer und Taschen würden sofort die Aufmerksamkeit der Ortsbewohner auf sich ziehen.
Wir machten uns reisefertig, das Baby wurde noch einmal mit einem dicken Milchbrei gefüttert, so schlief es einige Stunden durch.
Während die jüdischen Familien ihre wenigen Habseligkeiten hektisch in die bereitgestellten Weinkiepen packten, ging ich zu den Pferdestallungen um unseren kleinen dreirädrigen Lieferwagen zu starten, der versteckt unter einer Abdeckplane geparkt war.
Vater Erich hatte ihn für den Fall einer plötzlichen Flucht vom Gut, stets fahrbereit gehalten. Jetzt musste ich mit dem Wagen unsere Juden in ein neues Versteck bringen und das ohne offiziellen Führerschein.
Zwar lehrte mich Erich das Autofahren, aber leider nicht die Verhaltensweise, sollte ich dabei erwischt werden.
Meine Angst hielt sich in Grenzen, war doch der gefährlichste Mann inzwischen bestimmt schon betrunken im Gutshaus am Feiern.

Dann ging alles sehr schnell.
Itzhak belud zuerst den kleinen Lieferwagen, dann half er den Anderen beim Einsteigen. Zwischenzeitlich schlich ich mich vom Kellergewölbe zum Gutshaus hoch, um die Lage zu peilen, alles lief wie geplant.
Vater mimte schon den volltrunkenen Gastgeber, Ortsgruppenleiter Johannes war es, der bekam bestimmt nichts mehr mit.
Sein Sohn Wilfried saß sichtlich vom Alkohol geschwächt, mit Großvater Wilhelm am Kamin und schlief seelenruhig.
Irmgard, seine Mutter, kicherte so laut und schrill, das sogar Dugal und Alfo die Flucht ergriffen.
Zurück in der alten Ruine, überzeugte ich mich noch einmal, dass nichts vergessen wurde und begab mich zum Auto.
Auf der Ladefläche saßen schon unter der großen Abdeckplane eng aneinander gedrückt die Flüchtlinge.
Zur Sicherheit stellte ich noch die Weinkiepen darüber.
Erstarrt vor Angst setzte ich das Auto mit der explosiven Fracht in Bewegung.
Kurz nach Mitternacht fuhren wir vom Gut die lange Lindenallee herunter, als uns plötzlich ein Fahrzeug mit überhöhter Geschwindigkeit die Vorfahrt nahm.
Als der erste Schreck vorbei war, bemerkte ich, dass es mit laut grölenden SS-Offizieren besetzt war, die ihre Fahrt in Schlangenlinien fortsetzten.
An den Weinbergen herrschte durch die Eisweinlese noch reges Treiben.
Auch der Wettergott hatte es in dieser Nacht mit uns gut gemeint, er schickte Nebel und Kälte.
Die Fahrt durch den kleinen Ort verlief reibungslos, keine Menschenseele auf den Strassen. Nun musste ich nur noch in ein abgelegenes Waldstück einbiegen und wir waren am Ziel. Unter einer großen alten Eiche, sie diente uns später auch als stiller Briefkasten, parkte ich

den kleinen Lieferwagen.
Ein paar Schritte noch und wir befanden uns im Eingang zum Bunkergewölbe.
Vater hatte schon Feldbetten und Schaffelle bereitgestellt. Einen alten Küchenschrank mit Tauchsieder, Kochgeschirr und Lebensmitteln bestückt.
Für wohlige Wärme sorgten zwei uralte, aber gute Heizsonnen aus unseren Pferdestallungen.
Itzhak und Helene bemühten sich, alle schnell in den Bunker zu führen.
Dass es sich hierbei um die Villa eines Ortsgruppenleiters handelt, der über ihnen residierte, hatte ich natürlich verschwiegen.
Als alles überstanden war, lagen wir uns weinend in den Armen.
Das ältere Ehepaar Poldek und Juda, Frieda mit ihrem herzkranken Mann Jacob, Helene mit Baby und Verlobtem Itzhak, sie strahlten, waren so glücklich und voller Zuversicht.
Und ich?
So stolz auf meine Tat nun erhoffte ich endlich einmal Anerkennung von Vater Erich, jetzt sollte er mich nicht mehr als sein verwöhntes Modepüppchen betiteln.
Nach einer Stunde im Bunker, wir tranken noch Tee und besprachen dabei einige Sicherheitsregeln, fuhr ich - sichtlich erleichtert mit meinen leeren Weinkiepen auf der Ladefläche zurück zum Gut.
Schon von weitem konnte ich erkennen, wie Vater aufgeregt hinter dem großen Erkerfenster nach mir Ausschau hielt.
Als ich ihm zu verstehen gab, dass alles unproblematisch verlief, weinte auch er vor Glück.
Er flüsterte:
"Wenn ich doch nur könnte, würde ich jedem Menschen erzählen, was mein Mädchen heut getan hat.
Erst viel später wird Dir einmal bewusst sein, welche

Bedeutung diese Tat für die Menschen und für Dich hat. Es ist aber noch lang nicht vorbei, wir müssen die Familien schnell aus diesem Versteck holen und über die Grenze bringen, erst dann dürfen wir aufatmen, wenn wir sie in Sicherheit wissen.
Meine größte Sorge dabei ist der Zugang zum Bunker. Zwar ist er vom Waldstück durch den kleinen Gang gut erreichbar, man würde aber bald auf uns aufmerksam werden, wenn wir ständig in dieser Gegend gesehen werden und dann das Kriegsgeschehen, es rückt auch hier auf dem Lande immer näher und wenn Ortsgruppenleiter Johannes vom Bunker erfährt, oder er bei Fliegeralarm mit der Familie die Kellerräume aufsucht?"
Daraufhin kam Vater eine Idee, er entwickelte einen Plan, der mein ganzes Leben verändern sollte.
Ernst, mit ruhiger Stimme nannte er mich beim Vornamen:
"Veronika, wir müssen einen Weg finden, um ständig und jederzeit in der Villa präsent sein zu können, bis wir unsere Juden außer Landes gebracht haben. Ich sehe hier nur einen Grund dafür und das ist Johannes Sohn, Wilfried."
Erschrocken blickte ich Vater an:
"Du denkst doch nicht etwa, dass ich..."
Doch genau daran dachte Erich:
"Veronika du musst eine Scheinbeziehung zu Wilfried aufbauen, eine andere Möglichkeit gibt es nicht. Beruhige Dich mein Kind, Du sollst ihn ja nicht gleich heiraten", scherzte er noch.
"Ausgerechnet Wilfried, ein Kulturbanause und Mamasöhnchen, phlegmatisch, aus Johannes Erzählungen noch keine Freundin zu Haus vorgestellt und solch einen Knaben zum Freund zu haben, mein Gott Vater, was verlangst Du da von mir?"
Dann denke ich an die jüdischen Familien, ihr Leben in

muffigen Kellern, in ständiger Angst, entdeckt zu werden, das kleine Baby, das noch nie Tageslicht sah.
Um diese Menschen von ihrem furchtbaren Schicksal erlösen zu können, willigte ich ein.
Schon am nächsten Tag fuhr ich mit einem großen Lunchpaket und gutem Wein im Gepäck zur Villa, um meine Mission in Angriff zu nehmen.
Freudig wurde ich vom Ortsgruppenleiter Johannes empfangen.
Bei der Begrüßung klatschte er mir unverschämt auf den Popo.
Ich empfand es als widerlich, von ihm begrabscht zu werden.
Wilfried aber stand bei der Mama in der Wohnküche und leckte brav eine Puddingschüssel mit den Fingern aus.
Als sie ihm dann auch noch sanft über den Kopf strich und mit den Worten:
"Nun komm doch bitte zu Tisch, mein Hasenfüsschen," aufforderte Platz zu nehmen, war ich sprachlos.
Da prallten Welten aufeinander, die Flüchtlinge um deren Leben ich ständig bangen musste und Muttis Pudding schleckendes Hasenfüsschen, dem ich Freundschaft vorheucheln muss! Nur der Gedanke daran, dies alles für eine kurze Zeitperiode auszuhalten, lies mich optimistisch bleiben.
Schließlich kämpfte ich für eine gute Sache.
Mit Wilfried verabredete ich mich für den Abend im kleinen Stadtkino.
Er wollte unbedingt Chaplins Verfilmung über Dick und Doof anschauen. Noch während der Vorstellung habe ich mir geschworen, mit ihm zukünftig die Öffentlichkeit zu meiden.
Er kicherte laut vor sich hin, schlenkerte ständig mit seinen Beinen gegen den Vordersitz, so dass die Kinobesucher schon auf uns aufmerksam wurden.

Es gelang mir schließlich, Wilfried zu überzeugen, die gemeinsame Zeit lieber in seinem schönen Zuhause zu verbringen.
Hier musste ich auch nicht befürchten, dass er mich eventuell unsittlich berührt, denn Mutti Irmgard, hatte ihm vorehelichen Geschlechtsverkehr ausdrücklich verboten und Wilfried tat nichts gegen den Willen seiner Mama.
Ganz im Gegensatz zu seinem Vater, der keine Gelegenheit ausließ, um sich mit Damen aller Gesellschaftsschichten zu amüsieren und mit seinen Affären bei Ortsgruppenleitersitzungen zu prahlen.
Obwohl Johannes schon hoch verschuldet war, gab er häufig große Gelage für seine angeblichen Freunde und Kameraden immer in Begleitung gewerblich tätiger Damen. Ehefrau und Sohn schickte er vorher zur Schwester und rechtfertigte sich damit, im Auftrag des Führers zu handeln.
Wilfried erzählte mir, dass Mutter Irmgard die anfallenden Rechnungen ihres Ehemannes schon lange nicht mehr bezahlen konnte und zwischenzeitlich auch ihre Villa verpfändet wurde, die Rechnungen versteckte sie alle in einem Sofakissen und war überzeugt davon, bei Kriegsende alles vertuschen zu können.
Den wertvollen Familienschmuck ihrer verstorbenen Großmutter, vergrub sie unter der alten Tanne im Vorgarten, sie wollte ihn vor Johannes und den nahenden Russen verstecken. Während meiner Besuche habe ich oft feststellen müssen, dass Irmgard und Wilfried mit ihrem Hauspersonal Suppe und Brot in der Wohnküche aßen, Johannes aber im Herrenzimmer auf seinem Teller reichlich Fleisch, in Butter schwimmend, serviert bekam.
Ein guter Tischwein und eine dicke Havanna gehörten zum krönenden Abschluss.
Sicher konnte ich davon ausgehen, dass dieser Mann nie

den Bunker aufsuchen würde, denn die unterirdischen Örtlichkeiten kannte er ja nicht.
Es gelang mir anfangs recht gut, täglich in der Villa präsent zu sein.
Wilfried genoss die Stunden mit mir. Oft spielten wir gemeinsam mit der Mama Brettspiele.
Sie verwöhnte uns mit leckeren Speisen, verließ aber immer nur für kurze Zeit das Zimmer. Einmal sprach sie vertraut mit mir:
"Du lässt dir doch hoffentlich vor der Hochzeit nichts zu Schulden kommen, denn ein anständiges Mädel muss sich für die Brautnacht aufsparen und Du trägst sogar einen Titel."
Daraufhin hätte ich ihr zu gern den wahren Grund meines Aufenthaltes gestanden. In solchen Momenten tröstete ich mich mit den Gedanken, später einmal diese Familie mit der ganzen Wahrheit zu konfrontieren.
Die im Bunker der Villa versteckten jüdischen Flüchtlinge, besuchten Vater und ich täglich durch den kleinen Eingang vom Wäldchen aus.
Dies funktionierte sehr gut, Erich fuhr mich täglich zu Wilfried und holte mich später wieder ab. So konnte er zwischenzeitlich ungestört die Familien betreuen.
Für Wäschewechsel, Haarschnitte, neuesten Tratsch und Klatsch war ich zuständig.
Wir gaben unser Bestes, ihnen die Wartezeit zu verkürzen.
Sie amüsierten sich köstlich darüber, wenn ich über meinen oben wohnenden fiktiven Freund Wilfried und seinen liebestollen Vater berichtete.
Manchmal saßen sie schon ganz aufgeregt auf ihren Feldbetten und warteten gespannt auf die neuesten Geschichten.
Wir ließen sie in dem Glauben, in der Villa würden gut situierte Weinbauern leben.
Vater Erich ging immer davon aus, dass die jüdischen

Flüchtlinge nur kurzzeitig in dem Bunker verweilen müssen, bis er eines Tages erfuhr, dass sein Fluchthelfer, den er diesbezüglich immer kontaktierte, verraten wurde.
Am vereinbarten stillen Briefkasten, er befand sich unter der Tanne am Bunkereingang, fanden wir einhundert Dollar in kleinen Scheinen hinterlegt und eine Schweizer Adresse. Diese Tatsache entwickelte sich zu einer Katastrophe, nun konnten wir keinen Menschen mehr vertrauen, hatten furchtbare Angst und standen wieder ganz am Anfang.
Natürlich machte sich Erich auch um seine eigene Familie große Sorgen.
Die Verantwortung für Mutter Elisabeth und den alten Grafen Wilhelm lastete schwer auf seinen Schultern.
Sie in unsere Fluchtpläne einzuweihen, wäre viel zu gefährlich.
Weihnachten stand vor der Tür.
Zum Fest wollten wir die jüdischen Familien längst in der Schweiz wissen.
Jetzt hatten wir nur eine Adresse, aber wann und vor allem wie, können wir diese Menschen unauffällig über die Grenze geleiten?
In seiner Verzweiflung weihte Vater Erich den jungen Itzhak ein.
Für den Notfall übergab er ihm das Geld und die Schweizer Adresse.
Äußerste Vorsicht war geboten, es könnte vielleicht eine Falle sein.
Der Krieg hat die Menschen verändert und jeder kämpfte jetzt ums nackte Überleben.
Auf dem Gut waren die Festvorbereitungen im vollen Gange.
Die gesamte Familie des Ortsgruppenleiters Johannes wurde zum Weihnachtsfest geladen. Vater und ich hofften, in der Heiligen Nacht eine Fluchtgelegenheit zu

finden.
Wir wohnten in einer Berglandschaft und hatten gerade in diesem Winter schon mit starken Schneeverwehungen zu kämpfen.
So sahen wir nur eine Möglichkeit: Die Flucht mit dem Pferdeschlitten.
Ein guter Zeitpunkt wären die Mitternachtsmessen, sie besuchen viele Menschen, ein Schlitten würde sicher keine Aufmerksamkeit erregen und die Waldwege sind dunkel.
Wilfried machte mir weiterhin den Hof.
Zum Glück bereitete es mir auch keine Schwierigkeiten ihn auf Distanz zu halten.
Auch Irmgard zeigte sich schon als liebevolle Schwiegermutter.
Ich war mir ganz sicher, sie erzog ihren Sohn zu einem Menschen, den sie in ihrem Ehemann Johannes so gern gesehen hätte.
Sie war eine vom Leid geprüfte Frau und hatte mein volles Mitgefühl, als sie sich aufgrund einer Geschlechtskrankheit, zugezogen durch ihren Ehemann, wiederholt in ärztliche Behandlung begeben musste.
Johannes stellte sofort genügend Penicillin zur Verfügung, mit seinem Vorrat könnte eine ganze Kompanie versorgt werden.
Ohne ein schlechtes Gewissen zu haben, entwendete ich einige Tablettenröllchen und stellte einen Teil der Beute Itzhak zur Verfügung.
Auf der Flucht könnten sie lebensrettend sein, ein sehr wertvolles Tauschobjekt in diesen schweren Zeiten.
Alle fieberten schon dem Weihnachtsfest entgegen, mit Vater wollte ich unseren Juden das schönste Geschenk bereiten, ihre erfolgreiche Flucht in die Schweiz.
Wir haben in Erfahrung bringen können, dass sie dort in einer kleinen Berghütte, die von Wirtsleuten betreut wird, Unterschlupf finden können.

Man wird sie auch kurzfristig und unbürokratisch mit den erforderlichen Papieren ausstatten.
Ich hatte kein gutes Gefühl bei dieser Aktion, wurde unruhig und geplagt von Alpträumen.
Jede Nacht standen diese Menschen im Traum an meinem Bett, griffen nach meiner Hand und ich konnte sie nicht fassen.
Auf einer ihrer spiritistischen Sitzungen, die Mutter Elisabeth wöchentlich mit ihren Bridgedamen durchführte, sie kontaktierten dabei meist Angehörige, die an der Front dienten, erzählte ich meinen Traum.
Die Damen zeigten Entsetzen, schlossen sitzend einen Kreis am Tisch und kommunizierten miteinander in einer Sprache, die mir völlig unverständlich schien.
Obwohl keine der Personen den Tisch berührte, begann dieser stark zu vibrieren.
Ein Furcht erregendes Schauspiel.
Viele Menschen belächeln diesen Spuk und halten ihn für unwahr und Altweibergeschwätz, diese Meinung kann ich leider nicht teilen.
Einmal habe ich dieser Sitzung beigewohnt und eine erstaunliche Erfahrung gemacht.
Als die Damen mit der Zeremonie begannen, eine Kerze anzündeten und am Tisch ihren Kreis schlossen, indem sie sich mit den Händen berührten, klopfte es an der großen Eingangstür zum Gutshaus.
Im gleichen Augenblick begann die Kerze stark zu flackern und der Tisch zu wackeln, als Mutter zur Tür eilte, sie öffnete, war weit und breit niemand zu erblicken.
Plötzlich schrie eine der Frauen hysterisch:
"Jetzt ist mein Junge gefallen!"
Wir konnten sie an diesem Abend nicht mehr beruhigen.
Obwohl sie noch einmal Feldpost erhielt, glaubte sie felsenfest an seinen Tod.
Zwei Wochen später wurde ihr ein Schreiben übersandt

und mitgeteilt, dass ihr Sohn im Kampf für das Vaterland sein Leben lassen musste.

Er fiel an der Front, Tag und zeitgenau mit dem Tür klopfen, das wir alle während der Sitzung vernommen hatten.

Die Reaktion der Damen auf meinen Traum, den ich nicht ganz wahrheitsgemäß wiedergeben durfte, lies nichts Gutes hoffen.

Völlig verstört beendeten sie vorzeitig ihre Sitzung und legten mir eindringlich ans Herz, mich vor einem großen, dicken und dunklen Herren in Acht zu nehmen, er würde nach meinem Leben trachten.

Sie räucherten sogar mein Schlafzimmer aus und flüsterten Gebete dabei.

Anschließend wurde Knoblauchpulver verstreut um böse Geister zu vertreiben.

Dies hielt ich für etwas übertrieben und belächelte die ganze Sache.

Doch dieser Herr, den sie ziemlich genau beschrieben, ging mir nicht mehr aus dem Kopf. Wer könnte er sein?

Natürlich, die Beschreibung trifft haargenau auf Ortsgruppenleiter Johannes zu.

Nun, dass er es schon lange auf mich abgesehen hat, ist wirklich kein Geheimnis mehr, dachte ich zuerst, aber die Bridgedamen erahnten etwas völlig Anderes, das meinen weiteren Lebensweg verändern und zugleich bestimmen sollte.

Erneut schlug das Schicksal erbarmungslos zu.

Nicht nur einmal hielt ich ein Röhrchen mit Valium Pillen in der Hand und dennoch unentschlossen das Leben zu beenden.

An einem Wochenende, wir begingen den vierten Advent, wurden wir von Johannes zu einem Festessen in die Villa geladen.

Gemütlich, im Kreise der Familien, wollten wir diesen Tag begehen.

Gleich beim Eintreffen sprach er von einer großen Überraschung, die er uns bereiten wolle. Gelassen sahen wir dem Ganzen entgegen.
Vielleicht wieder einer seiner zahlreichen Späßchen?
Mein Blick war gerade auf die große Standuhr gerichtet, sie zeigte fünf Minuten vor Zwölf, als er sich mit einem Glas in der Hand erhob und seine Uniform für eine Ansprache zurechtrückte:
"Meine Lieben, wir haben uns heute hier versammelt um die Zusammengehörigkeit unserer Familien zu besiegeln.
Ja, ihr habt richtig gehört, zu besiegeln.
Lieber Erich, liebe Elisabeth und vor allem meine liebste Veronika, noch könnt ihr wählen, entweder landet Ihr alle mit dem Judenpack, das in meinem Keller haust, im KZ oder unsere Familien werden durch eine Eheschließung unserer Kinder für immer zusammen geführt.
Zur Bedingung stelle ich vorweg, dass der alte Graf, Elisabeths Vater, meinen gesamten Schuldenberg tilgt.
Solltet Ihr zustimmen, gebe ich Euch genau vierundzwanzig Stunden Zeit, das Judenpack wegzuschaffen.
Nun wünsche ich allen einen guten Appetit und einen schönen vierten Advent.
Heil Hitler!"
Setzte sich zu Tisch und begann genussvoll zu speisen.
Mein Großvater Graf Wilhelm, verstand kein Wort von dem, was Johannes erzählte.
Mutter Elisabeth stand kurz vor einem Ohnmachtsanfall, denn sie war eine intelligente Frau und erfasste die Situation blitzschnell.
Mein Bauchgefühl sagte mir, das es Johannes nur auf unser Vermögen abgesehen hat, darin sah ich eine Chance, die Menschen noch in Sicherheit zu bringen.
Ich setzte alles auf eine Karte, atmete tief durch, reichte

Vater Erich das Fleisch und begann mit einem Lächeln zu speisen.
Dies verwirrte den Ortsgruppenleiter sehr und zeigte Wirkung.
Mein zukünftiger Ehemann Wilfried, schaute während der ganzen Zeit nur seine Mama an, die wie erwartet, keine Miene verzog.
Es kochte in mir, aber ich behielt die Contenance bis zum Nachtisch.
Ich entschuldigte mich für mein vorzeitiges Aufstehen bei Tisch und ergriff Vaters, Arm um mit ihm gemeinsam die Villa zu verlassen.
Sofort gingen wir durch den Wald zum Bunker und bereiteten die nächtliche Flucht der jüdischen Familien vor.
Über die Geschehnisse in der Villa haben wir kein Wort verloren.
Vater Erich fuhr mich zurück zum Gut und verabschiedete sich mit den Worten:
"Ängstige dich nicht mein Kind, sollte dieses Schwein Johannes hier aufkreuzen und Dir etwas Böses antun, werden ihn die Hunde zerfleischen. Du kannst Dich mit den Tieren sicher fühlen."
Es gelang ihm noch in der gleichen Nacht, alle sieben Flüchtlinge zum vereinbarten Grenzort zu fahren, um sie einem Fluchthelfer zu übergeben.
Durch wen wurden wir verraten?
Wer hat uns beobachtet?
Diese Fragen haben wir uns immer und immer wieder gestellt, aber keine Antwort erhalten.
Lange quälte uns die Ungewissheit, ob sie noch am Leben sind und welches Schicksal sie erleiden mussten.
Eines Abends steckte unter der Eingangstür zum Gutshaus ein kleiner vergilbter Zettel, neugierig entfaltete ich ihn und bemerkte, dass er aus einer Zeitung oder einem Buch gerissen wurde.

Zuerst fand ich hierfür keine Erklärung.
Dann las ich den Text:
"Unsere Wildgänse wohlbehalten im nordafrikanischen Winterquartier eingetroffen. Jahres- und Tagzeit, Wetter, Aufenthaltsort und vor allem die vorherige Nahrungsaufnahme waren für den langen anstrengenden Weg der Wildgänse in ihr Winterquartier entscheidend."
Wildgänse, Winterquartier?
Mein Gott jetzt erst begriff ich den Text!
"Vater, komm schnell, unsere Juden haben uns eine Nachricht zukommen lassen, sie haben es geschafft, sind in Afrika."

Kapitel 2
Deutschland im Frühjahr 1943...

In der Luft konnte man schon deutlich den kommenden Frühling spüren, die kleinen Krokusse steckten verschmitzt ihre gelben Blütenspitzen durch die dünne Schneedecke, nur zwischen unseren Familien herrschte weiterhin Eiseskälte.

Vater Erich versuchte vergeblich, die durch Johannes erzwungene Vermählung zwischen Wilfried und mir, mit allen Mitteln noch zu verhindern. Er bot ihm Geld an, wollte unter notarieller Aufsicht alle Schulden des Ortsgruppenleiters begleichen und sogar die Villa von der Hypothek befreien. Als Gegenleistung hätte ich meine Freiheit behalten können.

Doch Johannes wollte Ehe und Geld, darin sah er eine Chance, lebenslänglich seinen erpresserischen Druck, auf unsere Familie ausüben zu können.

Wenn ich allein war, konnte ich meine Tränen nicht zurückhalten und weinte voller Verzweiflung. Oft dachte ich dabei an die jüdischen Familien, die fernab von Deutschland, endlich ein menschenwürdiges Leben führen konnten.

Ja, sie waren frei, und ich, demnächst gefangen in einer Ehe, mit einem Mann, den ich nicht einmal zum Bruder haben möchte und einem Schwiegervater, der für mich kein Mensch war.

Gott ist mein Zeuge, solange ich bei Verstand bin, werde ich alles in meiner Macht stehende tun, diesen Mann daran zu hindern, Menschen Leid zuzufügen.

Viele hielten ihn für dumm, aber das machte ihn ja so gefährlich, Dummheit kombiniert mit seiner politischen Funktion. Ein explosives Gemisch, das ich nie unterschätzte.

Es war reine Zeitverschwendung weiterhin über Sinn und Zweck einer Eheschließung mit Wilfried nachzudenken, ich musste mich letztendlich mit der Hochzeit einverstanden erklären.
Ortsgruppenführer Johannes kannte keine Skrupel, wenn Vater nicht zu seinem Wort steht, werden wir alle im KZ landen.
Mutter Elisabeth führte aus aktuellem Anlass jetzt zweimal wöchentlich ihre spiritistischen Sitzungen durch. Nach jeder Veranstaltung versicherte sie mir, dass Wilfried ein Schicksalsschlag erwartet, der sich auch stark auf unsere Beziehung auswirken wird.
Ihre Worte gaben mir Hoffnung und Trost.
Vater hatte sich inzwischen mit der Situation abgefunden.
Er kannte kein Mitleid und wenn er meine roten verweinten Augen bemerkte, kommentierte er sie mit den Worten:
"Weine nicht mein Mädchen, wir haben Krieg und eine Hochzeit mit einem Mann, den Du nicht liebst, ist nun wirklich das kleinere Übel in diesen schweren Zeiten. Wir müssen schließlich alle Opfer bringen."
Seine Ansicht konnte ich nicht teilen und betete jeden Abend, dass doch noch ein Wunder geschähe. Sehr oft erschreckte mich der Gedanke, dass ich über eine Flucht nachdachte. Ja, einfach fliehen, über die Schweizer Grenze, die Anschrift der Wirtsleute kannte ich noch. Jedoch, meine Eltern wollte ich nicht ihrem Schicksal überlassen und Großvater, der alte Graf, sie alle sind hier aufgewachsen, es ist ihre Heimat.
Um auf andere Gedanken zu kommen, ging ich mit Dugal und Alfo spazieren.
Oben, am Weinberg angekommen, hörte ich die Schreie der Wildgänse. Sie kamen zurück aus ihren Winterquartieren. Welch ein Schauspiel am Himmel.
Intuitiv spürte ich, es wird wieder etwas passieren, das

meinen Lebensweg beeinflussen könnte.
Auf dem Rückweg bemerkte ich, wie ein mit rasender Geschwindigkeit entgegenkommendes Auto, entlang der Lindenallee zum Gutshaus hochfuhr. Darin entdeckte ich Ortsgruppenleiter Johannes mit Ehefrau Irmgard und Sohn Wilfried.
Was führte sie zu uns, so plötzlich und unangemeldet?
Das konnte nichts Gutes bedeuten. Ich lief schneller, wollte die Familie mit diesem Unmenschen nicht allein lassen.
Im Gutshaus angekommen, vernahm ich gleich Johannes Stimme, er sah gar nicht gut aus und Irmgard war völlig aufgelöst. Mein zukünftiger Bräutigam bemühte sich, sie zu beruhigen und streichelte liebevoll ihre Hand.
Vater Erich aber blinzelte der Schalk aus den Augen, dies ließ bei mir wieder ein wenig Hoffnung aufkommen.
Als endlich alle an der Kaffeetafel Platz genommen hatten, ergriff Johannes das Wort:
"Meine Lieben, es ist etwas Furchtbares passiert und es gelang mir nicht, trotz guter Verbindungen, dies zu verhindern. Unser Sohn Wilfried erhielt gestern seinen Einberufungsbefehl an die Westfront! Bis zum heutigen Tag konnte ich ihn ohne Probleme davor bewahren, wie konnte das jetzt nur geschehen?
Wer hat dies veranlasst?"
Hilfe suchend wandte er sich an Vater:
"Erich, sag doch was, Du musst doch auch gute Kontakte pflegen, oder ist das Judenpack etwa durch den Schornstein in meinen Kellerbunker geflogen?"
"Ach, Johannes, dies ist die falsche Frage, er kann sich doch glücklich schätzen, dass er nicht in Stalingrad kämpfen muss. Veronika erwartet selbstverständlich auch von ihrem zukünftigen Ehemann, dass er mutig an der Front für sein Vaterland kämpft. Was werden sie

später einmal ihren Kindern erzählen, Papa Wilfried ein Feigling, hat sich während des Krieges bei den Eltern versteckt gehalten? Nein, und wie würde Dein Führer darüber denken, der Sohn eines Ortsgruppenleiters ein Kriegsverweigerer? Nun hört endlich auf zu jammern und lasst uns lieber auf Wilfrieds gesunde Rückkehr anstoßen!"
So hatte ich Vater Erich noch nicht erlebt. Er sprach mir aus der Seele und seine Augen hatten dabei immer noch diesen schelmischen Ausdruck.
Vielleicht können wir die Hochzeit verschieben bis er zurückkommt oder Fronturlaub bekommt?
Mutters Prophezeiungen und dann die Wildgänse am Himmel, ich hoffte das sich noch alles zum Guten wendet.
Doch Johannes holte mich mit seinen lautstarken Äußerungen wieder auf den Boden der Tatsachen zurück:
"Beginnt sofort mit den Hochzeitsvorbereitungen, mein Junge geht nur als Ehemann an die Front, das war unsere Vereinbarung und ihr wisst genau was passiert, wenn Veronika sich weigert.
Ein Nein, bedeutet in diesem Fall, für Eure Familie Abschiebung aufs Abstellgleis 17, Berlin – Grunewald, zur Weiterfahrt nach Auschwitz."
Es war nun einmal mein Schicksal, ich musste diesen Mann heiraten, doch ein kleiner Funken Hoffnung blieb mir, sein Einberufungsbefehl.
Abends nahm mich Vater ganz fest in seine Arme und flüsterte mir ins Ohr:
"Veronika, es muss unser Geheimnis bleiben, von Deiner Mutter wirst Du traditionell zur Vermählung ein sehr wertvolles Familienerbstück erhalten. Eure Trauung konnte ich nicht verhindern, aber gute Freunde unterstützten mich bei meinem Vorhaben, Wilfried einen Einberufungsbefehl auszustellen.

Er wird eine Zeitlang dienen müssen, derweil kannst Du in aller Ruhe Deinen weiteren Lebensweg planen."
Drei Tage später standen wir in der kleinen Kapelle vor dem Traualtar.
Die Eltern richteten ein schönes Fest aus und für einen Augenblick verdrängten wir die Gedanken an das Kriegsgeschehen um uns herum.
Bis zu Wilfrieds Einberufung waren es noch genau vierundzwanzig Stunden, die es zu überbrücken galt, erst danach durfte ich mich frei fühlen.
Keinesfalls wollte ich mit ihm in der bevorstehenden Hochzeitsnacht ein Kind zeugen, der Zeitpunkt für eine Empfängnis wäre nach meinen Berechnungen genau passend gewesen.
Für diese eine Nacht musste ich mich schützen und deshalb versuchte ich mit einer List, den Intimverkehr ganz zu vermeiden.
Aus Mutter Elisabeths Haarnetz und rechteckig zu geschnittenen Zellstoff, bastelte ich eine Damenbinde und färbte sie anschließend mit roter Stempelfarbe ein.
So vorbereitet konnte ich der Zweisamkeit gelassen entgegensehen.
Doch Wilfried hatte an diesem Tag viel zu tief ins Glas geschaut und musste von zwei männlichen Gästen zu Bett gebracht werden.
Während er seinen Rausch ausschlief, dankte ich meinem Schutzengel und verbrachte die Nacht allein mit einem guten Buch in meinem Himmelbett.
Am nächsten Tag geleiteten beide Familien Wilfried zum Bahnhof um ihn zu verabschieden. Seine Eltern weinten. Es hätte ja auch ein Abschied für immer sein können. Ich fühlte mit ihnen.
Nach Wilfrieds Einberufung zogen sie in den Norden Deutschlands.
Ortsgruppenleiter Johannes musste sich neuen Herausforderungen stellen, die einen längeren

Aufenthalt in Berlin erforderlich machten.
Daraufhin war dieses Kapitel für mich erst einmal abgeschlossen.
Fernab vom Kriegsgeschehen lebte ich weiterhin mit meinen Eltern und dem alten Grafen Wilhelm, auf unserem Gut.
Von Wilfried kam noch immer kein Lebenszeichen.
Zwischenzeitlich schloss ich in der Klinik erfolgreich meine Ausbildung ab und wurde mit der Leitung unserer Diätküche beauftragt.
Vater hatte sich sehr verändert. Dieser kämpferische und mutige Mann war nur noch ein Schatten seiner selbst.
Mit Mutter Elisabeth wechselte er kaum drei Worte und Großvater Wilhelm würdigte er keines Blickes mehr.
Er verbot mir das Ausgehen und erinnerte mich täglich daran, dass mein Ehemann an der Front kämpfen müsse, während ich mich amüsieren würde.
Heimlich schlich ich mich manchmal spät abends aus dem Haus, um Freundinnen zu treffen. Wir schlossen Bekanntschaft mit Offizieren, fanden sie schmuck in ihren Uniformen.
Vater Erich durfte dies nie erfahren, doch wir waren fesche junge Mädels und die Offiziere, nette Burschen, alles war völlig harmlos, bis ich mich hoffnungslos in Gerhard, einen Stabsarzt, verliebte.
Mit ihm erlebte ich mein erstes Mal, ein Trommelfeuer der Sinnlichkeit.
Mutter Elisabeth zogen wir ins Vertrauen, sie zeigte Verständnis und unterstützte uns.
Wenn Vater Erich seinen Geschäften nachging, verbrachte Gerhard mit mir zusammen die Zeit auf dem Gut. Er bewohnte dass Turmzimmer, Elisabeth hatte es liebevoll hergerichtet. Die Zeit des Versteckspielens begann für mich erneut.
Diesmal sind es keine jüdischen Familien, Vater würde

es als Hochverrat bezeichnen, seine Tochter, liiert mit einem Stabsarzt der SS.
Doch ich biss mich förmlich fest, in mein kurzes Glücksgefühl.
Die Zeit verging und dieser wahnsinnige Krieg forderte immer mehr Menschenleben. Täglich verfolgten wir die Nachrichten und beteten, dass endlich Frieden sei.
Ich erinnere mich noch genau an den Tag, die Familie saß abends im Herrenzimmer zusammen vor dem Kamin, als es stürmisch an der großen Schlosstür schellte.
Dugal und Alfo bellten so laut, dass es sich um eine Person handeln musste, die ihnen fremd war.
Vorsichtig öffnete ich die Tür.
Ein Soldat bat um Eintritt, er konnte sich kaum auf den Beinen halten. Seine Verbände waren sehr verschmutzt und hingen in Fetzen herunter.
Eine Kriegsverletzung führte ihn zurück in die Heimat zu den Eltern, die im Ort eine Wirtschaft betrieben. Wir gaben uns alle Mühe, ihn so zu versorgen, dass er sich wieder als vollwertiger Mensch fühlen konnte.
Dabei überbrachte er uns die freudige Nachricht, dass Wilfried lebt und es ihm gut ginge. Zusammen mit ihm habe er bis zu seiner Verletzung an der Westfront gedient.
Dann wurde Wilfried in englische Kriegsgefangenschaft genommen, wo er zuletzt als Koch arbeitete.
Erich fuhr den Soldaten zu seinen Eltern und telegrafierte anschließend die Nachricht nach Berlin, um Johannes und Irmgard zu informieren.
Ich war sehr froh zu hören, dass es Wilfried gut ging und er keine Kriegsverletzungen hatte, aber mit der neuen Situation fühlte ich mich völlig überfordert.
Was, wenn er plötzlich auch als Heimkehrer vor der Tür steht?
Er war gezwungenermaßen mein Ehemann, doch ich

hatte mich hoffnungslos in einen Stabsarzt verliebt.
Noch in der Nacht bat ich Gerhard zu mir und berichtete ihm die Neuigkeit.
Jetzt hielten wir den Zeitpunkt für gekommen, Vater Erich mit der Wahrheit zu konfrontieren und ihm unsere Beziehung zu beichten.
Am Samstag nach dem Abendessen, bat ich dann die Familie ins Kaminzimmer und machte sie ganz spontan mit meinem geliebten Freund Gerhard bekannt.
Vater Erich zeigte keine Begeisterung, als er aber erfuhr, dass Gerhard ein Stabsarzt ist, war er außer sich vor Zorn, er schrie, betitelte mich als SS-Hure und verließ mit dem Satz:
„Du bist nicht mehr meine Tochter", fluchtartig das Zimmer.
Seitdem sprach er mit mir kein einziges Wort mehr.
Mutter Elisabeth brach es das Herz, sie kränkelte fortan.
Einige Zeit später, ich kam nachmittags aus der Klinik, fand ich Mutter völlig verzweifelt und weinend im Salon vor.
Mein erster Gedanke galt Großvater Wilhelm, ist er jetzt von uns gegangen?
Doch Elisabeth verneinte und sprach:
"Dein Gerhard ist für immer weg und Vater hat das zu verantworten. Du musst das Gut verlassen mein Kind, ich kann dich nicht mehr beschützen."
"Elisabeth, was bedeutet, für immer weg, wovon sprichst Du eigentlich?"
Sie zitterte vor Angst und blickte dabei ständig zur Eingangstür:
"Veronika, ich bin heute heimlich Deinem Vater gefolgt, als er in die Stadt fuhr. Er ging geradewegs in die Dienststelle des Kreisleiters und verweilte dort eine gute Stunde.
Die Tochter einer meiner Bridgedamen ist im Büro als Stenotypistin beschäftigt.

Durch sie konnte ich in Erfahrung bringen, dass der Kreisleiter, ein mit allen Vollmachten ausgestatteter Hoheitsträger, der eindringlichen Bitte Deines Vaters nachkam und Deinen Stabsarzt, sofort in ein Lazarett beorderte.
Sein derzeitiger Aufenthaltsort unterliegt der Geheimhaltung."
Die letzten Worte vernahm ich kaum noch, dann verlor ich den Boden unter den Füssen und kam erst wieder zu mir, als Mutter mir ein Riechfläschchen mit Salmiak unter die Nase hielt.
Diesmal ist Vater Erich zu weit gegangen.
Er hat meine Jugendliebe zerstört und einen jungen Menschen den Gefahren dieses sinnlosen Krieges ausgesetzt.
Mit Erich wollte ich nicht mehr unter einem Dach leben, konnte ihm auch nicht mehr vertrauen und war doch einst so stolz auf ihn.
Schweren Herzens musste ich nun fluchtartig mein Elternhaus verlassen.
Während ich einen großen Koffer packte, überreichte mir Elisabeth Geld und Schmuck für den Notfall.
Wir hielten es für das Beste, dass ich Deutschland verlasse.
Über Berlin, nach Hamburg und dann mit einem Schiff nach Amerika, ich wollte dem Krieg entfliehen und spürte noch die Kraft in mir, einen Neubeginn zu starten.
Mutter Elisabeth hatte die Fahrt nach Berlin mit Hilfe eines guten Freundes organisiert.
Je mehr wir uns der Großstadt näherten, erblickten wir das ganze Ausmaß der Zerstörungen, verweste und ausgeschlachtete Tierkadaver säumten die Landstrassen.
Der Mann setzte mich in einem Berliner Vorort ab, hier wohnte Ortsgruppenleiter Johannes mit seiner Frau Irmgard, meine Schwiegereltern.

Unter dem Vorwand, sie für ein paar Tage besuchen zu wollen, sah ich eine Chance, meine Flucht nach Amerika vorzubereiten.

Die Familie empfing mich herzlich, doch sie waren alle in Aufbruchstimmung und wollten auf dem schnellsten Wege wieder zurück in ihre Heimat nach Süddeutschland, denn dort standen schon die Amerikaner vor der Tür.

Johannes berichtete, dass im Osten die Menschen vor den Russen fliehen, den roten Bestien. Er war der festen Auffassung, die Angst vor den Russen, verlängere sogar den Widerstandswillen der Deutschen.

Das wollte ich nicht glauben, bis zu jenem Tag, am 16. April 1945 gegen 3.00 Uhr morgens, schlugen die Russen mit einem Inferno des Grauens gegen Berlin.

Binnen dreißig Minuten, fielen über eine Million Granaten auf die Stadt.

Die russische Armee stand vor den Toren Berlins.

Durch die Detonationen wurden wir aus dem Schlaf gerissen, überall Feuer und Schreie verzweifelter und verletzter Menschen.

Johannes rannte nur im Schlafanzug bekleidet zur Garage, um den Wagen zu starten, während dessen Irmgard hastig einige Kleidungsstücke zusammenpackte.

Abstammungsurkunden, Familienschmuck und Geld hatte sie tags zuvor im Garten vergraben, um es vor den Russen zu verstecken.

Doch die Granaten zerstörten alles. Metertiefe Spalten rissen sie ins Erdreich. Der Garten glich einer Kraterlandschaft, übersät mit toten Singvögeln und Eichkatern.

Ein grauenhafter Anblick.

An diesem Morgen wurde mir bewusst, was Krieg bedeutet und ich dachte an die vielen Soldaten, die an der Front kämpften.

Wer das über Monate, Jahre durchleben muss, dessen war ich mir bewusst, ist ein anderer Mensch, wenn er in die Heimat zurückkehrt.
Meine Gedanken galten Wilfried und Gerhard, die durch Erichs Einflussnahme in diesen mörderischen Krieg ziehen mussten. Das konnte ich ihm nicht verzeihen.
Aus meinen Gedanken riss mich erneut eine Detonation, eine Granate schlug geradewegs in eine Lokalität auf dem gegenüberliegenden Waldgrundstück ein.
„Die Blaue Grotte" wurde binnen Sekunden, bis auf ihre Grundmauern zerstört. Nur der Schornstein mit integriertem Kamin blieb vom einstigen Küchentrakt erhalten.
Er wurde für uns drei zum Lebensretter.
Vom großen Schlafzimmerfenster beobachtete ich dieses grausame Schauspiel.

Plötzlich erblickte ich eine Gruppe Soldaten. Sie sahen merkwürdig aus, ihre Mützen weit am Hinterkopf tragend, liefen sie schwankenden Schrittes direkt auf unser Haus zu.
Gott im Himmel, es sind Russen!
In diesem Moment muss mich Gott erhört haben, denn die Gruppe wurde auf die Schornsteinruine aufmerksam und änderte ihre Richtung.
Bestimmt vermuteten sie noch Lebensmittel in der Küchenruine.
In Panik geraten schrie ich:
"Hilfe, die Russen kommen!"
Doch niemand hörte mich, alle waren sie mit der Flucht beschäftigt.
Eilig packte ich meinen Koffer und war gerade dabei vom Frisiertischchen die Toilettenartikel einzusammeln, als ich im Spiegel einen Schatten bemerkte.
Ein erneuter Blick ließ mich erstarren, ein Russe!

Sofort stürzte er sich auf mich und riss mir die Kleider vom Leib.
Ich hatte keine Chance Widerstand zu leisten, die Angst lähmte mich.
Er warf mich auf das Ehebett, kniete auf meinem Körper und entledigte sich seiner Hose.
Ich kann nicht sagen, was in diesem Moment schlimmer war, sein penetranter, verwester Körpergeruch oder die Angst vor der Vergewaltigung!
Mit aller Gewalt riss er meine Oberschenkel auseinander, ich schrie vor Schmerz, konnte aber noch mit meinem Knie in seine Hoden stoßen. Er krümmte sich, da sah ich erneut einen Schatten auf mich zukommen.
Ich wollte nur noch sterben, befürchtete, dass nun die restliche Gruppe ihren Spaß haben will.
Ich spürte einen heftigen Schlag auf meinem Körper und der Soldat war weg.
Am Fußende des Bettes stand Johannes, einen Kaminhaken in der Hand haltend.
Er hat den Russen in letzter Sekunde mit einem kräftigen Hieb von meinem Körper geschlagen.
Entblößt trug mich Johannes zum Wagen, in dem Irmgard schon bei laufendem Motor auf uns wartete.
Wie durch ein Wunder gelang es ihm, den Höllenkessel Berlin zu verlassen.
Mutig und unter Einsatz seines Lebens, hat mich Johannes vor einer mehrfachen Vergewaltigung bewahrt, die ich vielleicht nicht überlebt hätte.
Aus Dankbarkeit gab ich meinen amerikanischen Traum auf und wollte mit ihnen gemeinsam auf Wilfrieds Heimkehr warten.
Hunderttausend Frauen in Berlin hatten nicht dieses Glück.
Sie wurden das Opfer von Soldaten und schonungslos nackter, sadistischer Gewalt in grausamen

Massenvergewaltigungen.
Wir aber kämpften ums nackte Überleben und hatten nur ein Ziel, zurück auf das elterliche Weingut, in den Süden Deutschlands.
Am 9. Mai 1945 erlebten wir dort gemeinsam, das Ende des zweiten Weltkrieges.

Kapitel 3
Nachkriegsjahre

Der Krieg ist aus, das Land besetzt, geteilt und ruiniert.
Jetzt kam die Not nach Deutschland. In den Trümmern fälschen und feilschen die Menschen um Brot, Kohlen und einen Schlafplatz.
Der Hunger wurde für viele zum "schlimmsten Diktator."
Eine ganze Generation musste befürchten, an den Lebensbedingungen im Nachkriegsdeutschland zugrunde zu gehen.
Seit unserer Rückkehr im Mai 1945, lebten auch Johannes und Irmgard auf dem Gut meiner Eltern, Erich und Elisabeth.
Täglich wartete ich auf ein Lebenszeichen von Wilfried und hoffte insgeheim auf ein Wiedersehen mit meiner Jugendliebe Gerhard.
Mein Großvater, Graf Wilhelm, war zwischenzeitlich verstorben.
Irmgard und Johannes bewohnten fortan den kleinen Westflügel des Gutes. Vater hatte ihnen unbegrenztes Wohnrecht zugesichert, da sie mich unter Einsatz ihres Lebens, vor dem Zugriff russischer Soldaten schützten.
Zwischen ihnen herrschte eine Art Burgfrieden.
Nur mit äußerster Anstrengung und unter Einsatz aller Ersparnisse aus früheren Jahren, durch Preisgabe unser beweglicher Habe, Missachtung von Gesetzen und behördlichen Bestimmungen, konnten wir die Hungersnot durchstehen.
Ich nahm wieder meine Beschäftigung in der Klinik auf. Täglich wurden Rückkehrer mit schwersten Kriegsverletzungen eingewiesen, doch die meisten der Krankenhausbetten, waren von Patienten mit

Hungerödemen belegt.

Als die Rote Armee Berlin eroberte, ging sie mit unvorstellbarer Brutalität gegen die Zivilbevölkerung vor, dabei waren die deutschen Mädchen und Frauen, Freiwild für sie.

Viele von ihnen wurden mehrfach vergewaltigt. In ihrer Verzweiflung flohen sie in den Süden Deutschlands. In einem nahe gelegenen Kloster wurden einige dieser geschändeten Frauen und Mädchen von den Nonnen aufgenommen.

Die meisten Neugeborenen, die in unserem Krankenhaus in der ersten Hälfte des Jahres 1946 das Licht der Welt erblickten, waren sogenannte Russenkinder. Auch sie mussten mit dem Hunger aufwachsen, viele erreichten nicht einmal das erste Lebensjahr.

Die Hungersnot hat unzählige Menschenleben gekostet.

Diese Zeit hat auch mein ganzes Leben geprägt. Jedes Jahr zu Weihnachten, wenn traditionell durch ein Glockenleuten, die Familie gebeten wird, an der festlich gedeckten Tafel Platz zu nehmen, kommt die Erinnerung an den Heiligen Abend im Jahre 1946.

Vater Erich stellte schon Tage zuvor in der alten Schlossruine Fallen auf, bepinselte sie mit etwas braunem Sirup, um seiner Familie das größte Geschenk zu bereiten, ein winziges Stückchen Fleisch. Er glaubte in den jahrhundertalten Gemäuer noch Tiere zu fangen, die sich gut versteckt hielten.

Vater fand über zwanzig fette Ratten, die in seinen Fallen verendeten.

Mutter Elisabeth bereitete sie zu. Klares Wasser, Sirup und etwas Moos waren ihre Zutaten.

Knusprig und zäh war unser Weihnachtsbraten, für einen kurzen Moment empfanden wir nur Glücksgefühle, wir konnten weiterleben.

Dugal und Alfo hielten wir tagsüber im Gutshaus

versteckt, aus Angst, es könnten verzweifelte Menschen sie notschlachten.

Gerade in unserer Region war die Grundlage für einen neuen Aufschwung besser als das Ausmaß der Zerstörung. In Süddeutschland haben viele Gebäude und Fabriken den Luftkrieg fast unbeschadet überstanden.

Mein Schwiegervater Johannes wollte mit seiner Frau Irmgard, das Gut schnellstmöglich verlassen und hoffte, mit neuer Identität in Berlin eine politische Kariere zu starten, denn Berlin galt als "Welthauptstadt" der Spione und war als Reichshauptstadt, Drehscheibe des nachrichtendienstlichen Untergrundes.

Er sprach mit uns ganz offen darüber, dass er als ehemaliger Ortsgruppenleiter noch über gute Kontakte verfüge und er keinerlei Skrupel habe, sich den Amerikanern anzubieten.

Bald darauf konnten wir sie schon am Bahnhof verabschieden und als die Rücklichter ihres Zuges immer kleiner wurden, hoffte ich erneut, dieses Kapitel meines Lebens für immer abschließen zu können.

Vater Erich aber bestand darauf, mit uns, Johannes und Irmgard noch einmal in Berlin zu besuchen.

Politisch erweckte diese Stadt auch sein Interesse. Elisabeth versuchte vergeblich, ihm dieses Vorhaben auszureden.

Ich tröstete mich mit dem Gedanken, dort vielleicht meinem Arzt Gerhard zu begegnen.

Im Sommer besuchten wir die Familie in ihrem Haus am Stadtrand.

Obwohl es von den Rotarmisten fast völlig zerstört wurde, erstrahlte es in neuem Glanz. Architektonisch ganz im amerikanischen Stil eingerichtet. In der offenen Wohnküche standen vollautomatische Haushaltsgeräte, die wir zuvor noch nie gesehen hatten.

Es war nicht schwer zu erraten, wer Johannes neue

Arbeitgeber sind.
Doch sollte ich ihn dafür verachten?
Er bewahrte mich vor einer brutalen Vergewaltigung und hat als überzeugter Nazi, unsere versteckten Kellerjuden nicht verraten.
Zwar wurde ich gezwungen, seinen Sohn Wilfried zu heiraten, aber der befindet sich noch immer in englischer Kriegsgefangenschaft und somit ist meine Zukunft völlig offen und ungewiss.
Vom Kriegsgeschehen blieben wir auf dem Lande weitestgehend verschont, dafür bin ich meinem Schicksal auch sehr dankbar, die saubere Luft, zauberhafte Natur und die unendliche Ruhe, all dies sind Attribute, die eine gute Lebensqualität garantieren.
Doch Berlin zog mich magisch an.
Man spürte den Wiederaufbau dieser Stadt auf allen Gebieten. Enttrümmerung und Verkehr, Industrie und Versorgung. Hunger, Kälte, Schwäche und Krankheiten, konnten die Menschen nicht davon abhalten, ihre geliebte Stadt wieder aufzubauen.
Als wir wieder unsere Heimreise antraten, noch während der Fahrt zu unserem Landgut, packte mich das große Heulen, ich konnte nicht aufhören zu weinen, als ahnte ich schon, was mich dort erwarten würde.
Vater fuhr entlang der Weinberge, die Lindenallee zum Gutshaus hoch, als Mutter Elisabeth plötzlich ängstlich aufschrie:
"Es sind Russen im Haus, jetzt kommen sie zu uns!"
In der großen Schlosstür stand ein Soldat. Ich versuchte, sie zu beruhigen:
"Mutter, das sind keine Russen, sieh richtig hin, Dugal und Alfo spielen mit dem Soldaten und unsere Magda spricht freundlich mit ihm."
Erich beschleunigte den Wagen und raste auf das Eingangstor zu. In diesem Augenblick begriff ich.
Oh, mein Gott, es ist Wilfried! Er ist heimgekehrt, in

der Hand seinen alten Lederkoffer haltend.
Ich war zur Säule erstarrt.
Mein ganzes bisheriges Leben zog an mir vorbei, sicher, er sieht gut aus, wohl genährt und gesund, darüber war ich glücklich, doch mein zukünftiges Leben wollte ich keinesfalls mit ihm verbringen.
Warum konnte es nicht Gerhard sein?
In meiner Verzweiflung suchte ich spontan die kleine Kapelle am Berghang auf, zündete eine Kerze an und bat in einem Gebet die Heilige Maria um Rat.
Danach fühlte ich mich besser.
Zurück auf dem Gut, wurde ich schon ungeduldig von allen erwartet. Wilfried kam mir frisch gebadet und neu eingekleidet in Großvater Wilhelms Morgenrock entgegen.
Elisabeth stellte zur Feier des Tages alles auf den Tisch, was die Vorratskammer hergab. Bis spät in die Nacht saßen wir zusammen und ließen die letzten Jahre Revue passieren.
Wilfried berichtete über seine englische Kriegsgefangenschaft.
Die Lebensbedingungen der Gefangenen waren äußerst unterschiedlich. Er hatte großes Glück, lebte als Koch im Lager unter besseren Verhältnissen als die britische Zivilbevölkerung.
Seine Gefangenschaft dauerte länger, weil seine Kameraden in der Landwirtschaft eingesetzt wurden, da ein großer Mangel an Arbeitskräften herrschte.
Er sprach mit Hochachtung von seinem "Gewahrsamsstaat" Großbritannien.
Für die Kriegsgefangenen gab es in der Freizeit Sprachkurse, berufliche Bildung dazu Sport und ein Kulturprogramm.
Das Lager durfte er nur im Ausnahmefall verlassen, unter Bewachung und in Häftlingskleidung.
Erst im Sommer 1947 konnte er die britische Insel

verlassen und in seine süddeutsche Heimat zurückkehren.
Wilfried galt als Spätheimkehrer. Nach dreijähriger Kriegsgefangenschaft ist es ihm nicht gelungen, sich wieder im Zivilleben einzugliedern.
Zwar erstaunte er uns durch sein ungeheures Wissen und seine Bildung, erwies sich dabei als äußerst sachkundig, sprach ein akzentfreies Englisch, doch bei aller Mühe gelang es ihm nicht, sich in unsere Familie einzugliedern.
Ich wollte mich nicht mehr mit dem Krieg befassen, sondern mein Leben genießen.
Gemeinsam beschlossen wir, einen neuen aufregenden Weg zu beschreiten und unsere täglichen Begleiter, Vater Erich, Mutter Elisabeth, die Doggen Dugal und Alfo, in dem kleinen Schloss, gebettet in ländlicher Idylle, zu verlassen.
Im Frühjahr 1948 zogen wir zwei in die "Welthauptstadt" Berlin.

Kapitel 4
Im Visier des Geheimdienstes

Nach dem Zweiten Weltkrieg erlebt Berlin als ehemalige Reichshauptstadt eine ganz besondere Situation, es wird geteilt in vier Sektoren, die gemeinsam von den Vereinigten Staaten von Amerika, Frankreich, England und der Sowjetunion verwaltet wurden.
Das Schicksal der Teilung machte Berlin zu einer besonderen Stadt.
Nachdem wir im April 1948 in Berlin ankamen und im Haus von Wilfrieds Eltern, Irmgard und Johannes einzogen, kam es kurz darauf zur Währungsreform.
In den drei Westsektoren wird die Westmark eingeführt.
Auch das wird von den Sowjets zum Anlass genommen, den gesamten Personen- und Güterverkehr und die Stromlieferung zu stoppen, um dieser Stadt die Lebensader abzudrehen.
Wir erlebten die völlige Berlin-Blockade.
Dann geschah das Wunder.
Der Präsident der Vereinigten Staaten von Amerika gibt dem sowjetischen Druck nicht nach und erteilt dem Militärgouverneur in Deutschland General Clay, die Erlaubnis zur Berliner Luftbrücke.
Die Luftbrücke der Amerikaner versorgte mit ihren „Rosinenbombern", die zwei Millionen Einwohner der Stadt mit Lebensmitteln, Brennstoffen und Strom.
Zusätzlich richteten sie eine Kinder-Luftbrücke ein, die kranke und unterernährte Kinder zu Gasteltern in die Westzonen ausflog, die sie dann bis zur Genesung betreuten.
Oft warteten die Kleinsten schon auf ihre "Candy-Flieger".

Einmal konnte auch ich einen kleinen Fallschirm mit Schokolade und Kaugummi ergattern, den ein Rosinenbomber abwarf, während wir im Tiergarten spazieren gingen.
Die ganze Welt schaute auf diese Stadt, die nur durch die Versorgung aus der Luft am Leben erhalten wurde und ich war glücklich und zugleich auch etwas stolz, in einer Stadt zu leben, die täglich ihr politisches Handeln neu ausrichten musste.
Doch immer mehr Menschen flohen aus dem Osten.
Denn während die westliche Kultur wieder langsam blüht und gedeiht, machen sich im Ostteil der Stadt die ökonomischen Probleme der Nachkriegszeit bitter bemerkbar.
Dies konnten wir am eigenen Leibe verspüren.
Das Haus, das wir zusammen mit Wilfrieds Eltern bewohnten, befand sich in der Ostzone Berlins.
Idyllisch im Norden gelegen, umgeben von Wald und Wasser, aber weit und breit keine Versorgung.
Am Ende der kleinen Dorfstraße befand sich ein Tante Emma Laden, in dem buchstäblich noch der Kamm auf der Butter lag und der spätestens um 12.00 Uhr mittags die Fensterläden verschloss, weil keine Ware mehr zum Verkauf angeboten werden konnte.
Jeden Morgen spazierte unser Nachbarkind mit einem Blechkännchen zu Emmas Lädchen und holte frische Milch und Brötchen für Wilfried und Johannes, dafür bekam es von Irmgard immer zwei Groschen.
Mir gefiel dieses Vorstadtleben gar nicht. Alles war so spießig und primitiv.
Die Menschen waren viel zu konventionell, ganz anders als die Einwohner meiner süddeutschen Heimat.
Doch nur zehn Kilometer weit von uns entfernt, tobte und pulsierte das Leben.
In Berlins Mitte, im amerikanischen Sektor, da fühlte ich mich wohl, hier veränderte sich die Stadt fast

täglich.
Nur ein Beispiel, das für viele sprach. Ganz klein angefangen aus dem "Drahtfunk im amerikanischen Sektor" (DIAS) war der "Rundfunk im amerikanischen Sektor" (RIAS) geworden.
Die ausschließlich deutschen Arbeitnehmer, unter ihnen auch mein Schwiegervater Johannes, wurden vom US-Außenministerium bezahlt und unterlagen somit amerikanischem Arbeitsrecht.
Wie alle Mitarbeiter wurde auch er von amerikanischen Kontrolloffizieren genau beobachtet.
Einer von ihnen, Harry R., war als Jude rechtzeitig in die USA eingereist und nach dem Krieg als amerikanischer Offizier heimgekehrt.
Johannes fürchtete ihn sehr und - wie sich später auch herausstellte - nicht zu unrecht.
Während der Blockade vom Juni 1948 fuhren wegen der häufigen Stromsperrungen zu Lautsprecherwagen umgebaute Militärautos der Amerikaner an allen wichtigen Plätzen der Westsektoren auf. Nachrichtensprecher verlasen von diesen Wagen aus die wichtigsten Meldungen.
Für ihre Koordination zeichnete auch Johannes verantwortlich.
Schon längst hatte er wieder seinen Platz in der Politik gefunden und verteidigt, weihte mit dem Sender das Funkhaus in der Kufsteiner Straße ein.
Respekt hatte er nur vor dem amerikanischen Kontrolloffizier Harry R. und lebte seither täglich mit der Angst, seine dunkle Vergangenheit könnte durch ihn enttarnt werden.
Johannes überlies nichts dem Zufall, hielt sich fast ausschließlich nur noch im Westsektor auf, besuchte an den Abenden kulturelle Veranstaltungen und durchtanzte nächtelang die Jazz Bars mit seinem neu gewonnenen amerikanischen Freund Harry.

Somit erschlich er sich sein Vertrauen und lenkte den Verdacht von sich.

Johannes gelang es erneut, seinen ausschweifenden Lebenswandel unter dem Deckmantel seines amerikanischen Arbeitgebers fortzuführen.

Er wachte akribisch darüber, dass kein weiteres Familienmitglied je eine Chance erhält, beruflich in seine Fußstapfen zu treten.

Ich hätte fast alles dafür gegeben, in dieser interessanten Stadt eine Beschäftigung bei den Alliierten aufnehmen zu können. Doch ich durfte mir nur mit seiner Frau Irmgard die Hausarbeit teilen, währenddessen mein lieber Gatte auf der Couch lag und sich von der Mama verwöhnen ließ.

In dieser Ehe langweilte ich mich fast zu Tode, aber zurück in meine westdeutsche Heimat zog es mich auch nicht, so hielt ich den Zeitpunkt für gekommen, mit der Familienplanung zu beginnen.

Als Perfektionistin konnte ich schon nach kurzer Zeit verkünden, dass ich guter Hoffnung bin.

Jetzt kam wieder Bewegung in mein Leben und plötzlich stand ich im Mittelpunkt meiner Mitmenschen. Sie umsorgten mich und schmiedeten Pläne für das Ungeborene.

Doch mein Ehemann Wilfried konnte mit dieser Situation nicht umgehen.

Die Tatsache, dass er bald Vater sein würde, berührte ihn kaum, er war und blieb eben immer noch Muttis Pudding schleckendes Hasenfüsschen.

Die Hoffnung, dass er sich einmal in einen forschen Karnickelbock verwandeln könnte, hatte ich schon lange aufgegeben.

Mit diesem Schicksal muss ich mich letztendlich arrangieren, dabei kamen mir wieder die Worte meines Großvaters Graf Wilhelm in den Sinn, er zitierte oft den Satz:

"Die große Kunst des Lebens besteht darin, einmal mehr aufzustehen als man umgestoßen wird und diese Fähigkeit zeichnete über Generationen unsere Familie aus."

Ja, der alte Graf war sehr weise, mit seiner positiven Lebensphilosophie richtete er uns immer wieder auf, sie prägte auch meine Zukunft.

Das Leben am Rande der Großstadt ging rasant weiter.
Die politischen Ereignisse überschlugen sich.
Am 23. Mai 1949 wird die Bundesrepublik Deutschland gegründet.
Am 07. Oktober 1949 wird die Deutsche Demokratische Republik als zweiter deutscher Staat proklamiert.
Beide Staaten hielten formal am Ziel fest, die Einheit Deutschlands wieder herzustellen, doch die Teilung vertiefte sich zunehmend.
Während die Bundesrepublik die Anlehnung an den Westen suchte, findet in der DDR die Umgestaltung nach sowjetischem Vorbild statt.
So idyllisch unser neues zu Hause auch lag, es befand sich in der Ostzone, sozusagen in Dunkeldeutschland.
Während im Westteil Berlins die Leuchtreklamen die Stadt erstrahlen ließen, gingen im Ostteil die Lichter aus.
Bürger, die es sich leisten konnten oder Verwandte und Freunde im Westen hatten, versorgten sich mit westlichen Lebensmitteln und Konsumgütern.
Viele von ihnen fuhren nur noch zum Schlafen in den Osten.
Insgeheim spielte auch ich schon mit dem Gedanken, in den Westteil zu ziehen, doch die Wohngemeinschaft im Hause der Schwiegereltern und die Schwangerschaft hinderten mich letztlich daran.
Meine Familie lebte ja noch in der süddeutschen Heimat

und dies beruhigte mich wiederum sehr.
Der Sommer zeigte sich von seiner schönsten Seite und in unserer grünen Vorstadtoase stellte ich mich langsam auf die bevorstehende Niederkunft ein.
Bis zu jenem Abend als ich mich nach einem heißen Tag auf meinen obligatorischen Waldspaziergang begab und dabei der Mutter unseres Apothekers begegnete.
Sie schaute sich ängstlich um und war sichtlich erleichtert, als sie mich erkannte und ich sie freundlich ansprach:
"Ich hoffe es geht Ihnen gut, wir haben uns ja schon lang nicht mehr im Wäldchen getroffen und ich vermisse auch Ihren Dackel Waldi."
Mit leiser Stimme antwortete sie:
"Mein Mann geht jetzt abends immer mit Waldi Gassi, ich habe seit geraumer Zeit Angst in den Wald zu gehen, da passieren merkwürdige Dinge, mein Sohn lacht nur darüber, aber Sie sollten in Ihrem Zustand hier auch nicht mehr allein spazieren gehen.
Wenn ich nicht wieder viele Heilkräuter für Tee und Salbe sammeln müsste, würde ich den Wald nicht mehr betreten.
Meine Kräuter finde ich nur weit abseits vom Weg, zwischen dichten Bäumen.
Aber gerade dort halten sich seit kurzem auch einige dunkel gekleidete Gestalten auf, die getarnt hinter einem Gebüsch, im Auto sitzen.
Es sind feine Herren, das habe ich gleich erkannt, so wie Ihr Herr Schwiegervater und mir kam erst der Gedanke, dass sie nur ihre Notdurft verrichten wollen.
Doch dann sah es so aus, als beobachteten sie etwas.
Der Hund wollte von diesen Menschen auch nichts wissen, er zog den Schwanz ein, legte die Ohren an und suchte das Weite.
Seitdem habe ich furchtbare Angst, in den Wald zu gehen. Mein Mann Friedhelm hält dies für

Altweibergeschwätz und amüsiert sich darüber, er ist der Meinung es sind Förster oder Waldarbeiter, die nur ihrer Arbeit nachgehen und die kann unser Waldi nun einmal nicht ausstehen.
Ich bin ja schon eine ältere Frau, aber so lang ich noch meine Kräuter zwischen giftig und genießbar unterscheiden kann und den Wald wie kein anderer Ortsbewohner kenne, weiß ich auch genau, was in den Wald gehört."
Sie zitterte vor Erregung und mir schoss alles Mögliche durch den Kopf, aber ich war der festen Überzeugung, sie spricht die Wahrheit.
Ein schweres Schicksal traf diese kleine Frau, zwei ihrer Söhne sind bei der Schlacht um Stalingrad gefallen, sie wurde beim Bombenhagel über Berlin verschüttet und konnte erst durch eine Detonation im Nachbarhaus, den Trümmern entkommen.
Daheim verlor ich kein Wort über die Begegnung mit der alten Dame.
Am nächsten Abend begleitete ich sie beim Kräutersuchen und hoffte, somit den Ort aufsuchen zu können, wo sich die Herren versteckt hielten, denn ich wusste schon lange, was ich zu tun hatte.
Das Haus von Johannes und Irmgard stand direkt am Waldrand, sollten sich dort wirklich Personen aufhalten, von denen bestimmte Aktivitäten ausgingen, standen wir unter Beobachtung, dessen war ich sicher.
Der Waldspaziergang blieb jedoch erfolglos und auch ich begann zunehmend an der Glaubwürdigkeit der kleinen Dame zu zweifeln.
Sie hatte auch Probleme, die Aufenthaltsorte der Herren zu zeigen.
Meine Vermutung wurde noch bestärkt durch ihre Vorliebe für klassische, englische Kriminalromane, die sie zu Dutzenden in Seifenkartons aufbewahrte.
Hinzu kamen die furchtbaren Kriegsgeschehnisse, die

sie durchlebte, der Verlust ihrer geliebten Söhne, die brutale Vergewaltigung durch russische Soldaten beim Einmarsch in Berlin, was musste diese zarte Frau schon alles verarbeiten, das kann schon einmal Realität und Phantasie durcheinander bringen.
Mit dieser Erkenntnis schloss ich dann auch das Thema "Beobachtung" ab.
Zwei Tage später, draußen herrschte eine Gluthitze, ich verzichtete auf meinen geliebten Waldspaziergang, ging mit einem guten Buch zu Bett und entspannte mich.
In jener Nacht erlebte ich eine Situation, über die ich erst heute, nach über sechzig Jahren, offen sprechen kann.
Kurz vor der Niederkunft hatte ich große Einschlafprobleme, das Baby drückte auf Organe und Ischiasnerv, hinzu kam die Hitze und die Ungeduld, endlich entbinden zu können.
Irmgard richtete für mich in Johannes Arbeitszimmer, das sich wohltemperiert im Untergeschoss unseres Hauses befand, ein Bett her.
Beim Einschlafen wandte ich immer eine Art Entspannungstechnik an, die mir ein chinesischer Mediziner verraten hatte, den ich während meiner Ausbildung im Krankenhaus kennen lernte.
Sooft ich auch nachts aufwachte, mein Körper befand sich durch die Anwendung dieser Technik, noch immer in der Einschlafposition, ich verspürte auch nie das Bedürfnis, meine Lage verändern zu wollen, sondern öffnete bei nächtlichem Erwachen, nur meine Augen.
Ich glaube, nur diesem Umstand habe ich es zu verdanken, diese Nacht überlebt zu haben.
Bei Einbruch der Dunkelheit, legte ich mich nur mit einem Slip bekleidet auf mein Bettdecke, so ließ sich die Hitze einigermaßen ertragen, mein runder Bauch, überzogen mit dunkelblauen Schwangerschaftsstreifen,

versperrte mir die Sicht zum Fenster, so schlief ich schnell ein.
Gegen Mitternacht öffnete ich plötzlich hellwach die Augen, im gleichen Moment wurde das gesamte Arbeitszimmer durch eine Art Wetterleuchten erhellt, in der Fensterecke am Schreibtisch stand ein großer Mann im Ledermantel und durchsuchte Akten, die sich auf dem Tisch befanden.
Sein Rücken war mir zugewandt, aber in der linken Hand hielt er ein Messer.
Sofort schloss ich wieder meine Augen und spürte sogleich, wie das Kind in meinem Bauch losstrampelte, dann verlor ich das Bewusstsein.
Der Anblick meines nackten dicken Bauches hatte ihn wahrscheinlich davon abgehalten, mir etwas anzutun.
Als ich wenig später wieder zu mir kam und schwankend durch das dunkle Zimmer schlich um das Licht einzuschalten, schrie ich aus voller Kehle um Hilfe.
Kurz darauf stand Wilfried mit seinen Eltern aufgebracht im Zimmer.
Ich schrie nochmals:
"Holt einen Krankenwagen, es geht los, ich habe wahnsinnige Schmerzen!"
Natürlich hatte ich keine Schmerzen, auch setzten die Wehen nicht ein, ich wollte nur weit weg, weg aus diesem Haus, denn hier laufen Mörder umher.
Die Mutter des Apothekers hat es beobachtet, im Wald wimmelte es von Spionen, die es sicher auf Johannes abgesehen haben. Johannes, ein alter Nazi, was hat er beruflich bei den Amerikanern gemacht, wurde er verraten, war er ein Doppelagent?
Mit meinem Vater versteckte ich Juden und brachte sie über die Grenze, hatte Erich mir etwas verschwiegen?
Was diese Männer auch wollten, ich musste sofort unauffällig fliehen, in den Süden, auf das Gut zu meinen

Eltern.
Mir blieb nur noch wenig Zeit bis zur Niederkunft.
Da hielt ich die Vortäuschung einer beginnenden Geburt und die Flucht aus dem Haus mit einem Krankenwagen für den einzigen Ausweg.
Wilfried begleitete uns mit dem Auto, denn werdenden Vätern wurde damals der Zutritt in den Kreissaal strengstens untersagt und er musste ja wieder zurückfahren. Glaubte er.
Im Krankenhaus angekommen, waren die beiden Fahrer erst einmal damit beschäftigt, mich bei der Schwester anzumelden. Da ich mich zwischenzeitlich sehr ruhig verhielt, waren auch sie davon überzeugt, dass die Geburt noch einige Zeit dauern wird.
Mit meiner Tasche verließ ich unbemerkt den Krankenwagen und stieg zu Wilfried ins Auto:
"Wilfried, fahre sofort los und stelle keine Fragen. In Richtung Autobahn, zu meinen Eltern, ich habe keine Wehen, der Krankenwagen diente nur zur Flucht.
Wir müssen Berlin verlassen, bevor sie es bemerken und uns suchen.
Deinen Eltern können wir jetzt nicht mehr helfen, wir müssen an unser Kind denken."
Ich schrie ihn an:
"Jetzt fahr doch endlich!"
Er begriff und raste los.
Ich weiß nicht mehr, wie oft ich mich noch in dieser Nacht umschaute, ob uns ein Auto folgte. Auf der langen Fahrt in den Süden klärte ich Wilfried über die Gründe unserer Flucht auf. Berichtete über die nächtliche Begegnung im Arbeitszimmer seines Vaters, mit dem großen Mann im Ledermantel, der griffbereit ein Messer in der Hand hielt.
Als wir vormittags völlig erschöpft auf dem Gut meiner Eltern eintrafen, eilte uns Vater Erich, begleitet von Dugal und Alfo, aufgeregt entgegen.

Er schloss uns in die Arme, seine Stimme in Tränen erstickt:
"Gott sei Dank, Ihr seid zu Hause und wohlauf, das ist das aller Wichtigste."
Mutter Elisabeth begrüßte uns liebevoll und zog mich gleich zur Seite, ich spürte, dass etwas passiert sein musste, so hatte ich die Beiden noch nicht erlebt.
Vater umarmte Wilfried, ja er stützte ihn sogar, dann wiederholte er seine Worte:
"Gott sei Dank seid Ihr davongekommen, Wilfried mein Junge, Du musst jetzt sehr stark sein, Dein Vater wurde heute früh, tot aufgefunden.
Erschossen!"

Kapitel 5
Abschied vom Gut der Eltern und Großvater Graf Wilhelm.

Wenige Kilometer südlich eines großen Flusses, deren angrenzende Bergwelt schon deutsche Dichter inspirierte, liegt mein heimatliches Gut, eingebettet in Weinbergen.
Bei unserer Ankunft bemerkte ich sofort, dass der Krieg auch hier seine grausamen Spuren hinterlassen hatte.
Alt und verfallen wirkt das kleine Schloss, auf den Dächern wächst Moos.
Der dürftige Anblick wird nicht einmal von einem schon herbstlich gefärbten Park belebt. Aus Großvaters Erzählungen, erfuhr ich, dass vor langer Zeit hier ein adliger und mannhafter Ritter, verehelicht mit einem tugendhaften Edelfräulein lebte.
Noch oft denke ich an meinen Militärarzt Gerhard. Wenn mein "Jugendtraum" Wirklichkeit geworden wäre und ich dafür gesorgt hätte, dass die Pläne, die ich damals mit ihm in dem kleinen Turmzimmer unseres Schlossgiebels schmiedete, sich verwirklichten, wäre aus mir vielleicht eine gute Ehefrau und eine anständige Bürgerin geworden.
Jetzt aber bin ich nichts von dem, was ich werden wollte und werden sollte.
Die Tage bis zur Niederkunft verbrachte ich meist allein, sie waren voller nagender innerer Unruhe gewesen.
Ich konnte mich nicht einen Augenblick konzentrieren, nicht einen einzigen Gedanken festhalten. Vorstellungen, wie mein Leben nach der Geburt unseres Kindes weiter geht, irrten lose in meinem Kopf umher, ohne dass ich sie auf irgendeine Weise zügeln oder

beherrschen konnte.
Meine Unruhe nahm noch zu und dann setzten endlich die Wehen ein.
Elisabeth wich nicht mehr von meiner Seite.
Nach kurzer Autofahrt erreichten wir die Entbindungsanstalt.
Meine gute Körperkonstitution hatte die Geburt ziemlich leicht gemacht.
Erinnerung an den Geburtsverlauf hatte ich gleich verdrängt.
Als gegen Abend Wilfried mit einem Strauß roter Rosen das Krankenzimmer betrat, um seine hübsche kleine Tochter zu sehen, begrüßte ich ihn mit einem Lächeln.
Nur die Blässe in meinem Gesicht widerspiegelte noch die Erinnerung an die ausgestandenen Schmerzen.
Ein wenig erregt beugte er sich über das Krankenbett und erblickte etwas unglaublich Kleines, das aus dem weißen Leinentuch hervorschaute, unsere Tochter Regina.
Beide schienen sie mit der Situation noch überfordert.
Wilfried machte nicht gerade den Eindruck eines glücklichen Vaters, und meine kleine Tochter schien die Welt, in die sie hineingeboren war, noch nicht in ihrem Bewusstsein aufgenommen zu haben.
Der Volksmund sagt, mit einem Kind beginnt ein neues Leben, für mich begannen gleich zwei, wie sie unterschiedlich voneinander nicht hätten sein können.
Aber wie beginnen?
Wie die richtigen Worte finden?
Der Irrtum eines Augenblicks, wurde zur Sorge meines ganzen Lebens.
Leider kann ich nicht aufzeigen, dass sich aus der Beziehung mit Wilfried einmal Liebe entwickelt, so sehr ich es auch erhoffte.
Hierzu fehlte uns der bindende Mechanismus,

Leidenschaft und Nähe, letztendlich eine Voraussetzung für die Lösung gemeinsamer Beziehungsaufgaben.
Unzählige Male sagte ich mir immer wieder: Ich müsste mich glücklich schätzen, eine gesunde Tochter geboren zu haben, einen gutmütigen und freundlichen Ehemann an meiner Seite zu wissen und nicht zu vergessen, die Eltern, die mir jeden Wunsch von den Augen ablasen.
Durch die momentane Lebenssituation fühlte ich mich aber überfordert und unglücklich.
Meine Tochter konnte ich nicht lieben, so sehr ich mich auch bemühte.
Wilfried erdrückte mich emotional.
Nächtelang lag ich wach, folgte den rhythmischen Schnarchgeräuschen meines Mannes und hatte dabei das Gefühl, ersticken zu müssen.
Eingehüllt in eine Wolldecke schlich ich dann in unsere kleine Mädchenkammer und fand endlich ein wenig Schlaf auf der alten Holztruhe.
Aber die Seele lässt sich nicht ewig betrügen.
Das, was sich in meinem tiefsten Inneren abspielt, das bahnte sich irgendwie seinen Weg.
Viele Risiken bin ich schon in meiner persönlichen Lebensgeschichte eingegangen, keinesfalls aber wollte ich wie Irmgard als Pudding kochendes „Mütterlein" zwischen Kind, Kochtopf und Kirche die besten Jahre verbringen.
Aus diesem Teufelskreis musste ich einen Ausweg finden.
An einem der wenigen Tage, die ich mit Mutter allein im Schloss war, nutzte ich die Gunst der Stunde, um mit ihr einmal offen über meine Probleme zu sprechen.
Ich begegnete ihr auf der Terrasse und sprach sie behutsam an:
"Mama, ich weiß nicht, ob Du mich jetzt verstehst oder verfluchst, aber ich fühle mich so leer und unglücklich.
Ich möchte mich keinesfalls versündigen, bin Gott

unendlich dankbar für das gesunde Kind und dass wir alle den Krieg unversehrt überstanden haben, doch meine Seele weint!"
Sie spürte meine Verzweiflung, nahm meine Hand und bat mich, sie in den Salon zu begleiten.
Bei einem Glas Sherry schenkte sie mir ihre volle Aufmerksamkeit und endlich konnte ich mir meinen Kummer von der Seele reden:
"Als wir die jüdischen Familien im alten Weinkeller versorgten, mit Vater ihre Flucht vorbereiteten, dabei ständig in Angst lebten, entdeckt zu werden, war ich voller Leben, Stolz und Mut.
Ich sehnte mich nach einem Partner, für uns sollte jeder Tag eine neue Herausforderung werden und jede Nacht so leidenschaftlich, als wäre es die letzte.
Mit meinem Stabsarzt Gerhard hätte ich glücklich werden können.
Doch ich musste den Sohn eines Ortsgruppenführers heiraten, mit unserem Familienerbe seine Schulden auslösen und diesem Mann habe ich nun ein Kind geboren, das ich nicht annehmen kann.
Nachts in meinen Träumen höre ich die Wildgänse schreien, mir erscheint die junge Jüdin Helene, wie sie in unserer alten Schlossruine ihr Baby auf die Welt bringt.
Es war menschenunwürdig unter solchen Bedingungen Mutter zu werden, doch die starke Liebe, die sie mit ihrem Mann Itzhak verband, er wich keine Sekunde von ihrer Seite, gab ihr die Kraft, weiterzuleben.
Die waren einfach nur glücklich miteinander, konnten lächeln, obwohl draußen der Krieg tobte und ihre Landsleute zu Tausenden in die Lager verschleppt wurden.
Elisabeth, verstehst Du mich, was kann ich nur tun?
Vater Erich hatte mich damals gebeten, nur für eine kurze Zeit, eine Scheinbeziehung mit Wilfried

einzugehen, solange bis wir die Juden sicher außer Landes wussten, er gab mir sein Wort.
Ich sah es nur als ein kleines, spannendes Abenteuer an und nun diktiert es mein Leben!"
Elisabeth, eine sehr intelligente und kluge Frau, wollte aber nur Ehefrau und Mutter sein.
In dieser Rolle ging sie völlig auf.
Umso erstaunter war ich, als sie sehr verständnisvoll auf mein Problem einging:
"Veronika mein liebes Kind, hör bitte auf zu weinen, ich kann Dich sehr gut verstehen, Du suchst nach einem Mann, der sehr dem Vorbild Deines Vaters entspricht.
Einem Partner, der Dir jeden Tag ein neues Abenteuer bietet, aber glaube mir, die Erfahrung lehrt uns, wenn überhaupt, wachsen Männer erst in Konfliktsituationen über sich hinaus. Dein Mann Wilfried wird von Irmgard bis zum heutigen Tag bemuttert und verhätschelt, er durfte nie erwachsen werden.
Dafür kannst Du ihn nicht verurteilen.
Schuld ist diese schreckliche Zeit, in der wir leben müssen, die Menschen zu Handlungen veranlasst, die sie nicht verantworten können.
Du bist eine junge hübsche Frau, die nach all den schrecklichen Kriegsereignissen nur einen Wunsch hegt, endlich glücklich sein zu dürfen und dies wird Dir auch niemand verwehren können.
Aber dann mein Kind müsstest Du wählen!
Willst Du weiterhin ein Leben, traditionell im Kreise Deiner Familie auf unserem Gut führen, umgeben von Jahrhundertalten Burgmauern, Dich an Feiertagen im feschen Dirndl mit Herzkettchen im Dekolleté der Öffentlichkeit präsentieren?
Oder suchst Du die Herausforderung, stellst Dich im Chanel Kostüm und weißen Perlen im Dekolleté täglich neuen Aufgaben?
Wilfried ist nicht der Mann an Deiner Seite, der Dir

jeden Tag ein neues Abendteuer bieten kann und die Nächte verbringst Du lieber mit guter Literatur, vielleicht solltest Du einmal darüber nachdenken, Deinen Lebensmittelpunkt nach Berlin zu verlegen. Politisch und wirtschaftlich bietet Dir diese Stadt sicher viele Alternativen, kreativ und unkonventionell neue Wege zu beschreiten.
Deine Schwiegermutter Irmgard bewohnt am Stadtrand ihr großes Haus allein, sie wäre überglücklich, Dich und Wilfried unter ihrem Dach beherbergen zu dürfen und täglich könnte sie ihr „Hasenfüsschen" bemuttern und verwöhnen.
Dir mein Kind stünde dann die Welt offen, eine Chance, Dich beruflich zu verändern, wäre zum Greifen nah!
In der Vergangenheit konnte ich Dir nicht die Unterstützung geben, die Du gebraucht und vielleicht auch erwartest hast, aber jetzt Veronika, werde ich alles tun, um Dich wieder glücklich zu sehen, so unbefangen und fröhlich, wie Du einmal warst, bevor Du im Burgkeller hinter der großen Eisentür unsere jüdischen Flüchtlinge entdecktest.
Deine kleine Tochter Regina, die Du nicht annehmen kannst, wird hier bei uns, ihren Großeltern aufwachsen, die ihr all die Liebe geben können, die ein Kind nun einmal für eine gute und gesunde Entwicklung benötigt.
Sie kann die besten Schulen besuchen und wenn sie möchte, später auch studieren.
Das Leben ist das kostbarste Gut, was Du besitzt und ich bin sicher, frei und ungezwungen findest Du einen Weg in der Großstadt, der Dich glücklich macht.
Wilfried wirst Du immer an Deiner Seite wissen, aber bedenke, er hat seine Mutter im Schlepptau und mehr benötigt er nicht, um glücklich zu sein.
Sie leben beide in einer Welt, die Dir immer verschlossen sein wird, die Du nicht verstehen kannst.
Der Gedanke, dass Regina in diesem Umfeld

aufwachsen müsste, lässt mich erschaudern.
Veronika, denke in Ruhe über eine Entscheidung nach, überschlafe sie, aber verliere nicht Deinen Lebensmut, sehr vielen Menschen wurde diese Chance genommen."
Ihr Verhalten, ihre weisen Worte, erstaunten mich, fast dreißig Jahre betreute sie fürsorglich ihre Familie in allen Lebenssituationen, klöppelte nach dem Abendessen Spitzendeckchen vor dem Kamin, traf sich regelmäßig mit ihren Bridgedamen und widersprach meinem Vater Erich niemals.
Mir wurde schlagartig bewusst, welch großartige Frau sie doch ist, sie, die immer scheu und zurückhaltend hinter alten Burgmauern lebte.
Ich bedaure sehr, Sie nicht über die Rettungsaktionen unserer jüdischen Familien im Burgkeller informiert zu haben, mit ihrer Unterstützung hätten wir noch vielen zur Flucht verhelfen können.
Über ihren Rat, mit Wilfried nach Berlin zu gehen, brauchte ich nicht länger nachzudenken, ich fand ihn genial. Unabhängig zu sein, Ideen für neue Herausforderungen zu entwickeln, bedeutete für mich, schon längst aufgegebene Ideale wieder aufleben zu lassen. Um meine Tochter Regina musste ich mich nicht sorgen, Mutter Elisabeth war ganz vernarrt in ihre kleine Enkelin, sie sah jetzt ihre Chance, das Kind in Frieden aufziehen zu können, um sie gut behütet auf das Leben vorzubereiten.
Als junge Mutter plagten mich keinerlei Gewissensbisse, meine Tochter in die Obhut ihrer Großeltern zu geben, ist sie doch bei ihnen in den allerbesten Händen.
Wilfried äußerte sich nur positiv zu meinem Vorhaben und schon wenige Tage später brachte uns ein Logistikunternehmen in die neue Heimat Berlin.
Irmgard stellte uns die obere Etage ihres Hauses zur Verfügung, das sich in einem östlichen Vorort befand.

Sie strahlte vor Glück, hatte ihren geliebten Sohn an ihrer Seite.

Ich fuhr täglich in den Westteil der Stadt interessierte mich für Kultur und beobachte staunend den rasanten Wiederaufbau.

Kinobesuche, Theatervorstellungen, die Menschen fieberten nach Glücksmomenten, die für ein paar Stunden alles Leid vergessen ließen.

So behütet und umsorgt ich mich auch in meiner süddeutschen Heimat aufgehoben wusste, so glücklich und frei fühlte ich mich jetzt in Berlin.

Ich suchte fieberhaft das Abenteuer, keinesfalls aber eine Beschäftigung, die hinter einem Warentisch endet, um Hausfrauen zum Kauf von Küchenartikeln zu überzeugen.

Wenn es nach Irmgard und Wilfried ginge, sollte ich den Tag mit Haus- und Strickarbeiten verbringen, anschließend zum Fünf-Uhr-Tee aufgerüscht im Herrenzimmer erscheinen, Schwiegermamas neueste Gebäckkreationen verkosten und langsam den Tag ausklingen lassen.

Aber genau dieses Leben wollte ich keinesfalls.

Finanziell ging es mir gut, dafür sorgten meine Eltern, die regelmäßig Geld anwiesen.

Mein Mann lebte nur noch für und mit Mutter Irmgard, somit erhielt ich die Chance, einen Teil meiner lang ersehnten Freiheit zurückzuerobern.

Ich vermisse die guten Gespräche mit Mutter und Vater Erich, sowie meine Tochter Regina, die sich schon krampfhaft bemüht, ihr Köpfchen zu heben.

Sie wird verwöhnt wie eine kleine Prinzessin und bekommt von ihren Großeltern all das, was sie ihrer eigenen Tochter durch die schrecklichen Kriegsereignisse vorenthalten mussten.

Trotzdem plagen mich zunehmend Gewissensbisse, habe ich die richtigen Entscheidungen getroffen?

Wie kann ich in dieser Stadt leben, arbeiten, mit einem Mann an meiner Seite, den ich nicht liebe, ich bin nicht der Typ Frau, die ihrem Göttergatten hörig ist, ihn bewundert, ich bin eine Rebellin!
Wilfried machte auf mich schon lange keinen glücklichen Eindruck mehr, er trinkt jetzt schon am Vormittag, erst Wein, später hochprozentige Spirituosen.
Anschließend geht er zu Bett, seinen Rausch ausschlafen und abends sitzt er ungepflegt in Unterwäsche gekleidet im Wohnzimmer vor dem Fernsehgerät.
Beim Essen benutzte er schon lang kein Besteck mehr und getrunken wurde grundsätzlich nur noch aus der Flasche.
Meine Vorhaltungen diesbezüglich ignorierte er völlig.
Betrunken wird er verbal sehr ausfallend, ich bekam Angst vor ihm.
Solch ein primitives Verhalten ist mir fremd.
Mit diesem Mann will und kann ich nicht mehr intim sein.
Großvater Graf Wilhelm zitierte oft Lebensweisheiten, eine stimmte mich sehr nachdenklich und traurig:
"Man kann einen Menschen aus seinem Milieu holen, aber niemals das Milieu aus dem Menschen!"
In meiner Verzweiflung drohte ich meiner Schwiegermutter Irmgard damit, zurück in die Heimat zu den Eltern zu gehen, wenn sich die jetzige Situation nicht bald ändern würde.
Sie aber lachte nur und stellte sich schützend vor ihren guten Jungen:
"Männer sind eben so, meine liebe Veronika.
Er trinkt manchmal, ja gut, aber nur zu Hause.
Sein Vater Johannes, kam nachts oft volltrunken mit seinen Huren ins Haus und feierte bis in die Morgenstunden.

Einmal hatte ich darüber laut meinen Unmut verkündet, die Antwort war eine Ohrfeige.
Wilfried ist einsam, Du dagegen fährst täglich in den Westen, sprichst mit fremden Menschen in Kaffeehäusern.
Dein Platz ist hier bei Deinem Mann und auch Deine Tochter Regina solltest Du endlich nach Berlin holen, sie gehört doch zur Familie. Du bist eine junge Mutter!"
Nach dieser Auseinandersetzung nutzte ich jede Gelegenheit, um in den Westsektor zu fahren, getrieben durch einen inneren Zwang, der mich nicht mehr zur Ruhe kommen ließ.
Wilfried zog es nicht in die Stadt, er zeigte keinerlei Interesse am pulsierenden Großstadtleben, so besuchte ich weiterhin das Kaffee „Kranzler" am Kurfürstendamm.
Hier traf sich die Welt, ob Schauspieler oder Schriftsteller, Menschen aus allen Bevölkerungsschichten, mit ihnen konnte ich gut und ungezwungen Konversation betreiben.

Kapitel 6
Schicksalhafte Begegnungen in Berlin

Die große Anonymität dieser Stadt hielt mich nicht davon ab, viele interessante Menschen kennenzulernen.
In meinem Lieblingskaffee erfuhr ich den neuesten Klatsch und Tratsch aus Politik, Kultur und internationalen Presseerzeugnissen.
Anders als in einem gewöhnlichen Cafe war es im Kranzler-Kaffeehaus durchaus üblich, dass ein Gast, der nur einen Kaffee bestellt hat, stundenlang am Tisch sitzen bleiben durfte und die vorhandenen Zeitungen ausgiebig studierte.
Die Presseerzeugnisse waren auf Zeitungsständer - Gestelle, die aus Burgholz gefertigt wurden - aufgespannt.
An bestimmten Tagen in der Woche wurde abends Klaviermusik gespielt, untermalt mit speziellen Themenprogrammen und anderen Darbietungen wie zum Beispiel literarische Lesungen.
Als ich wieder einmal in meinem Kaffee KRANZLER saß, verteilten junge Burschen, gekleidet in braunen Pagen-Uniformen, Einladungen für die Widereröffnung eines Warenhauses, dem KaDeWe – Kaufhaus des Westens.
Ein Warenhaus mit einem gehobenen Sortiment an Luxusgütern, das erstmals im März 1907 eröffnet wurde.
Im November 1943 stürzte ein US-amerikanisches Kampfflugzeug in das Dachgeschoss, wodurch das Warenhaus weitgehend ausbrannte.
Nach Kriegsende wurden die ersten beiden Etagen wieder aufgebaut.
Eine Einladung für die Wiedereröffnung am 3. Juli 1950

konnte ich zu meiner Freude noch erhaschen.
An diesem Montag, dem heißesten Tag seit fünfzig Jahren gegen Mittag kletterte das Thermometer auf 34° C kleidete ich mich sehr stilvoll, schlüpfte in meine höchsten Pumps, band meine langen schwarzen Haare mit einer Samtschleife zusammen und fuhr zum KaDeWe.
Es ist nicht zu übersehen, Frauen der verschiedenen Gesellschafsklassen spüren gleichmäßig die Anziehungskraft dieses Warenhauses, die vornehmen Beamtenfrauen geben sich dem Eröffnungstrubel ebenso willig hin, wie die Handwerker- oder Arbeiterfrauen des Ostens, die ihr sonst nur für die Feiertage aufgespartes "gutes Kleid" anzogen.
Mein Interesse am Warenangebot hielt sich in Grenzen, ich studierte lieber das Verhalten der Kunden, viele hetzten ziellos durch die Gänge, immer auf der Suche nach Schnäppchen.
Die eleganten Damen der gehobenen Gesellschaftsschicht irrten fluchtartig zwischen den Verkaufstischen umher und hielten Ausschau nach Luxusgütern, die sie noch ergänzend kaufen könnten.
Die schüchternen, zurückhaltenden Kunden wurden bei dem Versuch, in die erste Reihe zu kommen, gleich weggedrängelt.
Dieses Schauspiel langweilte mich ziemlich schnell.
Ich begab mich in die zweite Etage. Hier eröffnete eine Teestube mit einem herrlichen Panoramablick auf den Kurfürstendamm. Ein Kellner platzierte mich an einen der wenigen Tische mit Fensterblick. Gebäck und Tee wurden gereicht.
Eine elegante Dame mit feuerrotem Haar, kunstvoll hochgesteckt, gesellte sich zu mir.
Wir kamen schnell ins Gespräch. Sie spricht über Familie, ihren Gatten, der viel zu früh aus dem Leben schied, ihrem einzigen Kind, das in München lebt und

das sie nur selten besuchen kann.
Eine kleine Villa im schönen Berliner Grunewald ist ihr zu Hause.
Einsamkeit und Langeweile treiben sie oft in ein Kaffeehaus.
Intuitiv fühlte ich mich dieser Frau verbunden und betrachtete diese Begegnung als Zeichen des Schicksals, was sich letztendlich auch bestätigte.
Es vergingen Stunden, zwischen uns entwickelte sich eine tiefe Sympathie, ich erzählte ihr aus meinem Leben, von Regina, Wilfried, den Eltern und der Heimat in Süddeutschland.
Wir tauschten Adressen und Telefonnummern aus.
Constance, gibt sich herzlich und vertraut, vielleicht könnte sie mir eine gute Freundin werden?
Wie warmherzig sie doch ist.
Nun sollte man meinen, dieser Tag hätte genug Aufregungen mit sich gebracht und ich war ausnahmsweise einmal froh, wieder in den ruhigen, dunklen Ostteil zurückzufahren.
Abschließend wollten wir unsere Begegnung mit einem Gläschen Sekt krönen, da vernahm ich plötzlich vom Nebentisch eine mir sehr vertraute, männliche Stimme:
"Constance, bitte beschreiben Sie mir den Mann, der hinter mir, am Tisch sitzt."
"Ja um Gottes Willen, Veronika, Sie sind ja kreideweiß, fühlen Sie sich unwohl?"
"Nein, nein, bitte, wie schaut dieser Mann aus?"
"Ja, ich kann nur seinen Rücken sehen, aber groß, schlank, sehr elegante Erscheinung, guter Anzug, graumeliertes Haar und Raucher.
Veronika, bleiben Sie ganz ruhig, ich gehe jetzt zum Kuchenbuffet, und schaue ihn mir von vorn an, gleich bin ich wieder bei Ihnen."
Das musste sie nicht mehr tun, ich kannte diese Stimme nur zu gut und hatte sofort sein Gesicht vor Augen.

Kein Zweifel, es ist Gerhard, mein Stabsarzt!
Er ist in Begleitung einer Dame, die gerade erst ihre Bestellung aufgab, somit bleibt mir ein kleines Zeitpolster, um diplomatisch die Aufmerksamkeit auf unseren Tisch zu lenken:
"Constance, es ist mir sehr unangenehm, die Vergangenheit holt mich gerade ein, dieser Herr hinter mir, ist Gerhard, meine große Liebe.
Als Vater Erich und Großvater Wilhelm von unserer Beziehung erfuhren, ließen sie ihn während meiner Abwesenheit abholen und als Stabsarzt in ein Lazarett verbannen.
Mutter Elisabeth konnte nur noch in Erfahrung bringen, dass Stalingrad im Gespräch war.
Ich habe ihn all die Jahre nicht vergessen können und jetzt sitzt er hinter mir.
Constance, ich glaube, ich verliere gleich den Verstand."
"Noch nicht meine Liebe, erst muss er an unserem Tisch sitzen."
Plötzlich atmete sie tief ein und hustete dabei so stark, das ich befürchtete sie erstickt gleich.
Constance, rang nach Luft und rief lautstark meinen Namen:
"Veronika, bitte schnell, mein Asthmaspray in der Handtasche!"
Gerhard eilte ihr sofort zur Hilfe:
"Ich bin Arzt, welche Beschwerden haben Sie, gnädige Frau?"
Constance, beugte sich zu ihm und flüstert:
"Verzeihen Sie Doktor, mir fehlt nichts, aber ich glaube der jungen Dame mir gegenüber ist grade das Herz explodiert!"
Er erkannte mich sofort, wir umarmten uns leidenschaftlich. "Vroni, Du bist es wirklich!"
Zwischenzeitlich wurden schon die Gäste der Teestube

auf uns aufmerksam und beobachteten dieses verwirrende Schauspiel.
Gott wie grausam, seit Jahren suche ich diesen Mann und jetzt steht er vor mir und ich sehe keine Möglichkeit mit ihm ein paar private Worte auszutauschen.
Doch meine neue Freundin mit den feuerroten Haaren hatte die Situation schon wieder unter Kontrolle und überreichte ihm ein Kärtchen.
Während ich noch mit meiner Fassung rang, verließ Gerhard mit seiner Begleitung die Teestube.
Constance bestellte für uns erst einmal Mocca und Cognac:
"Respekt Veronika, mit Ihnen wird es wohl nie langweilig?
Nicht verzweifeln, Sie werden ihn Wiedersehen, ganz sicher, er hat meine Karte bekommen.
Faszinierend wie Sie beide sich in die Augen schauten, diese filmreichen Blicke tauschten Ingrid Bergmann und Clark Gable in "Casablanca" aus.
Veronika, ich glaube nicht an Zufälle, uns hat heute das Schicksal zusammengeführt.
Sie sind eine Bereicherung für mein Leben und wenn Sie mir vertrauen, werde ich Ihnen eine gute Freundin sein können.
Bitte, nehmen Sie meine Einladung an und besuchen Sie mich in meinem Haus, erzählen Sie mir Ihre ganze Geschichte, ich bin eine gute Zuhörerin.
Vielleicht hat zwischenzeitlich Ihr Arzt schon ein Lebenszeichen von sich gegeben?"
Ich nahm dankend an und umarmte sie zum Abschied ganz innig.
Mein Leben in Berlin verlief bisher schnell und flexibel, dabei zeigte ich mich oft aggressiv, überdreht und traurig.
Auch die cleversten Selbsttäuschungen konnten mich nicht mehr aus der feigen Beziehung zu meinem

Ehemann Wilfried retten.
Unerträglich war die Verlorenheit meines jungen und schönen Lebens aushalten zu müssen.
Damit schloss ein Kapitel.
Das Wiedersehen mit meiner Jugendliebe Gerhard, einem ehemaligen Stabsarzt, am 03. Juli 1950, dem heißesten Tag seit fünfzig Jahren war auch gleichzeitig Beginn meines Doppellebens als Geheimagentin und Liebesdienerin, getarnt als Ehefrau und Mutter.

Kapitel 7
Gerhard, ein Stasiagent, der mich nicht liebte

Mit der Gründung des Ministeriums für Staatssicherheit (MfS) am 8. Februar 1950 begann der systematische Ausbau eines flächendeckenden Überwachungsnetzes der DDR.
Eine politische Geheimpolizei für strafrechtliche Untersuchungen mit perfiden Überwachungs-, Zuführungs- und Verhörmethoden.
Sachsen, Sachsen-Anhalt und Thüringen waren die Vorreiter beim Ausbau dieses Stasinetzes.
Bei unserem ersten Berliner Treffen in der Grunewald-Villa meiner Freundin Constance, gestand mir Gerhard, dass diese Orte zu seinen operativen Einsatzgebieten gehörten.
Anfangs machte ich mir noch keinerlei Gedanken über seine Tätigkeit bei der „Stasi", als Mediziner konnte er schließlich überall seinen Beruf ausüben.
Jedoch verhielt er sich wortkarg, wenn ich mich nach seinen beruflichen Aufgaben erkundigte und lenkte geschickt mein Interesse auf aktuelle Themen.
Wir sahen uns fast täglich, Constance stellte ihre Villa zur Verfügung, während sie den Herbst auf Sizilien verbrachte.
Gerhard sah hinreißend aus, war sehr intelligent und hatte eine starke sexuelle Ausstrahlung,
Bei unseren Zusammenkünften im Grunewald wurde ich immer mit "Liebe" belohnt und Köstlichkeiten verwöhnt.
An einem goldenen Spätherbsttag, wir liebten uns leidenschaftlich in der Villa, wollte ich ihm meinen Entschluss mitteilen, Wilfried für immer zu verlassen.

Aber gerade an diesem Tag wirkte er ernst und nachdenklich, so verhielt ich mich lieber diplomatisch und schwieg.
Wie gewohnt beendeten wir unser Schäferstündchen mit einem Glas Sekt.
Doch Gerd machte diesmal keine Anstalten die Wohnung zu verlassen, im Gegenteil, er zog mich auf die Couch und rang dabei sichtlich mit seiner Fassung:
"Vroni, wir müssen reden! Nur, wenn Du für mich arbeitest, können wir uns weiter treffen.
Willst Du das tun, kann ich Dir vertrauen?"
"Gerd, ich verstehe nicht, was soll das, ich bin ausgebildete Diätköchin und nicht Ärztin.
Bist Du verheiratet oder fest liiert, dass Du mir solch eine Frage stellst, was bezweckst Du eigentlich, worauf willst Du hinaus?"
"Aber nein, ich arbeite für die Staatsicherheit und diese Leute wollen auch mit Dir in Kontakt treten, alles legal, aber trotzdem geheim, darüber darfst Du niemals mit anderen Menschen sprechen. Man hört, dass so genannte Plaudertaschen schon für immer von der Bildfläche verschwanden.
Du hast in der Vergangenheit Juden versteckt und ihnen erfolgreich zur Flucht verholfen, an solch einer mutigen Frau, wie Dir, zeigen sie eben großes Interesse.
Oder möchtest Du weiterhin dieses spießige, kleinbürgerliche Vorstadtleben mit Mann und Schwiegermutter fortführen?
Wenn Du ehrlich zu Dir selbst bist, lebst Du doch nur noch für unsere Treffen in Constances Villa.
Vroni, komm, willst Du wirklich so weitermachen, wo ist die mutige Frau, die schöne Rebellin, in die ich mich einmal verliebt habe?"
Heilige Maria, das musste ich erst einmal setzen lassen.
Nun gut, er arbeitet bei der Staatssicherheit und in solch einer Institution müssen die Mitarbeiter auch mit

Kantinenessen versorgt werden, eine Diätküche mit feinen und gesunden Delikatessen wäre für alle eine Bereicherung.
Was spricht eigentlich noch dagegen, dort eine Beschäftigung aufzunehmen?
In Gedanken sah ich mich schon im weißen Kittel stehend, den Stenoblock in der Hand haltend, dem Chefkoch die Zutatenliste der Spezialgerichte zu diktieren.
Meine Ausbildung war so vielseitig, dass ich schon lang keinen Kochlöffel mehr schwingen musste.
Gott, was war ich doch naiv!
Staatssicherheit, mir war nur bewusst, das 1950 ein entsprechendes Ministerium gegründet wurde, aber über deren Aufgaben und Arbeitsweisen ist kaum etwas an die Öffentlichkeit gelangt.
Ehrlich gesagt interessierte es mich auch nicht, ich wollte meinen Mann verlassen, um mit Gerhard ein neues Leben zu beginnen, ganz gleich, ob nun mit oder ohne Stasi.
Aber er holte mich sehr schnell auf den Boden der Tatsachen zurück:
"Vroni, Du sollst nicht in einer Kantine tätig sein, mit dem Potential, was Du besitzt, kannst Du Dich ganz anderen Aufgaben stellen.
Deine Auswahl erfolgte nach den Kriterien Schönheit, Intelligenz und Gewandtheit im Umgang mit Menschen. Mit Hilfe einer Mischung aus weiblichem Charme und Partisanenmethoden könntest Du gnadenlos männliche Reaktionäre zur Strecke bringen und dabei kann Dir Constance ein perfektes Alibi sichern, denn Wilfried darfst Du vorerst nicht verlassen, das ist für unsere Aufgabenstellung noch nicht vorgesehen.
Nun, meine Schöne, wie wirst Du Dich entscheiden?"
Da ich alternativ keine andere Möglichkeit sah, diesem

miefigen Vorstadtmilieu zu entfliehen, willigte ich sofort ein, im Zweifelsfall auch für die Staatsicherheit zu arbeiten.
Für solche Aktionen fühlte ich mich geradezu befähigt.
Ein bisschen spionieren, weckt schließlich die Lebensgeister und erhält jung.
Sichtlich erleichtert über meine Entscheidung mit ihm zusammenzuarbeiten, weihte mich Gerd in seinen derzeit konspirativ vorbereiteten Auftrag "Aktion Rose" ein:
"Veronika, wenn wir zukünftig dienstlich miteinander kommunizieren, musst Du Dich ausnahmslos an vorgegebene Regeln halten, dies ist ab sofort Gesetz für Dich.
Vorerst erhältst Du über eine Operation nur so viel Informationen, dass Du weder Dir noch Deinem Auftraggeber Schaden zufügen kannst.
Wir beginnen mit kleinen Schritten und ich bin dabei immer in Deiner Nähe, wenn auch meist unsichtbar.
Erst, wenn Du gewisse Eignungsprüfungen bestanden hast, erst dann, meine Liebe, wird es ernst und Du bist ganz allein auf Dich gestellt.
Mit viel Glück könntest Du im Notfall vielleicht auf eine Telefonnummer zurückgreifen, die Dir alternativ in Gefahrensituationen weiterhelfen kann, aber eine Garantie hierfür gibt es nicht.
Du bist eine starke Frau - Aussehen und Ausstrahlung sind Dein Kapital.
Wenn Du zustimmst, wird es Dir zukünftig an nichts fehlen und mit Privilegien ausgestattet, öffnen sich viele Türen automatisch.
Constance gibt Dir jederzeit ein perfektes Alibi, sie liebt Dich, aber Vorsicht, sie lebt in einer westlichen, kapitalistischen Gesellschaftsordnung die mit unser derzeitigen nicht vergleichbar ist. Eine Grande Dame wie sie hegt tiefes Mitgefühl für eine unglückliche

Liebe wie unsere und wird jederzeit ihre volle Unterstützung anbieten.
Wir müssen sie aber immer in dem Glauben lassen, wir verstecken unsere Liebe vor Deinem Mann und seiner Familie.
Somit werden wir für unsere Auftraggeber auch langfristige Dienstreisen durchführen können und das wolltest Du doch immer meine Liebe, mit mir zusammen sein, oder?" - Ja, das wollte ich, ein Leben lang an Gerhards Seite sein.
Coco Chanel, sagte einmal sehr weise; die meisten Frauen wählen ihr Nachthemd mit mehr Verstand als ihren Mann.
Ich durfte nicht wählen, musste mit Wilfried eine Vernunftehe schließen und dabei all meine Vernunft zusammennehmen, um die wahnsinnigste Handlung zu begehen, die eine Frau begehen kann.
Die Geschichte lehrt, dass dumme Frauen mit gescheiten Männern fertig werden, aber es bedarf einer sehr klugen Frau, um einen Dummkopf zu lenken.
Diesem Teufelskreis zu entfliehen war mein Ziel, ein Ziel, das ich nur mit Gerhard erreichen konnte, so machten wir uns schon bald auf den Weg.
Unser erster Auftrag – die konspirative Vorbereitung der "Aktion Rose", führte uns in den Norden der DDR.
Als Urlauber getarnt, bezogen wir an der Ostsee Quartier in einem kleinen mit Reetdach gedecktem Strandhaus bei Warnemünde. Seine idyllische Lage garantierte freien Meerblick, Ruhe und keine Nachbarschaft. Nur die Zufahrt zum Haus, die durch einen Waldstreifen führte, wurde durch Wachtposten gesichert.
Im Haus dominierten Holzmöbel in allen Varianten, der Einrichtungsstil war sehr einfach aber gemütlich. Ein Badezimmer suchte ich vergeblich, zum Waschen begab man sich in die Kammer neben der Wohnküche und

musste mit viel Kraftaufwand eine Pumpe betätigen, um Wasser zu erhalten.
Ich hätte es nie für möglich gehalten, solch unterschiedliche Lebensbedingungen in einem Land vorzufinden.
Das prunkvolle Gutshaus meiner Eltern im Süden Deutschlands, Constanzes mondäne Villa im Berliner Grunewald, ausgestattet mit allen Raffinessen und nun dieser kleine Fischerkaten direkt am Meer.
Den Zugang zum Dachgiebel hielt Gerhard akribisch verschlossen. Er verbrachte dort viele Stunden, ohne das ein Geräusch nach außen drang.
Da verschlossene Räume für mich schon immer eine Herausforderung waren, bereitete es mir auch keinerlei Probleme während seiner Abwesenheit hineinzugelangen.
Doch Schrecken und Enttäuschung überkamen mich beim Betreten des Dachbodens.
Riesige Antennen durchbohrten mit ihren gut getarnten Metallstäben das kleine Reetdach.
Tische mit Sendeanlagen, Telefonen und Abhörgeräten überfluteten den Raum, gleichzusetzen mit dem Cockpit eines Flugzeuges, überall blinkte es aus roten und grünen Lämpchen, Kopfhörer rauschten vor sich hin.
Tonbandgeräte trieben ihre Spulen an, selbst ich konnte erkennen, dass hier gerade Gespräche aufgezeichnet wurden. Oberflächlich gesehen überkam mich die Abenteuerlust, aber worauf habe ich mich hier eigentlich eingelassen?
Dieser Dachboden mit seinen Geheimnissen warf plötzlich viele Fragen auf, was tat Gerhard hier eigentlich und welche Rolle spiele ich dabei?
Plötzlich stand er in der Tür:
"Na, meine kleine Spionin, konntest Du alles inspizieren?"
"Ja allerdings mein Lieber, ich hoffe Du wirst mir jetzt

auf all meine Fragen eine Antwort geben können, warum diese Geheimnisse Gerhard, wir wollten doch zusammenarbeiten?"
"Vroni, ich darf Dich nicht gleich in alle Geheimnisse unserer Auftraggeber einweihen, vielleicht bist Du diesen Situationen nicht gewachsen, das muss ich erst testen."
"Testen, ich habe vor den Nazis Juden versteckt, ist das nicht Test genug?"
"Nein meine Liebe, bei Deinen Juden hast Du aus Verantwortung und Mitgefühl mit dem Herzen im Interesse dieser Menschen entschieden, aber jetzt handelst Du im Auftrag der Staatssicherheit gegen die Interessen der Bürger mit allen Mitteln und Methoden, die Dir zur Verfügung stehen. Das, meine Liebe, ist etwas völlig anderes."
Was er auch erzählte, Bedenken äußerte, ich hatte keine Wahl und brannte förmlich darauf mit ihm zu arbeiten.
Sofort begannen wir mit den Vorbereitungen und Recherchen für die:
"Aktion Rose", stasiintern betitelt: "Handschellen statt Blumen."
Wir operierten meist vom Strandhaus aus, Gerhard koordinierte die Aktion und wies die aus Berlin angereisten Mitarbeiter in ihre zuständigen Aufgabengebiete ein, dabei fungierte der Dachboden als Leitzentrale.
Ich erfasste die täglich eingehenden Protokolle und sendete diese umgehend per Fernschreiben an die Berliner Zentrale.
Meine ersten Tage verbrachte ich noch ungezwungen am Meer, nicht ahnend, welchen Schikanen die Küstenbewohner in den darauf folgenden Tagen und Wochen durch die Maßnahmen der Staatssicherheit ausgesetzt waren.
Die Bilanz dieser vierwöchigen Aktion

zusammenfassend in einem Abschlussbericht, dokumentierte:
Fast 500 Hotels und Pensionen entlang der Küste sind enteignet worden, dazu 160 sonstige Wirtschaftsbetriebe.
Bargeld, beschlagnahmter Schmuck und eingezogene Konten, ergaben einen Millionenbetrag.
447 Hoteliers und Gewerbetreibende wurden (mit konstruierten Beschuldigungen) verhaftet und inhaftiert, 219 gelang die Flucht in den Westen.
Die "Aktion Rose", war die spektakulärste der vielen Enteignungskampagnen in den Jahren 1952/53.
Die damit einhergehende "Verhaftungswelle" hatte zur Folge, dass die Zahl der Häftlinge in der DDR zwischen Juli 1952 und Mai 1953 von etwa 38000 auf 69000 wuchs.
Doch kaum waren die Hoteliers vertrieben, begann zwischen dem Freien Deutschen Gewerkschaftsbund (FDGB), der Volkspolizei, der Stasi und der SED, ein Kampf um die Beute.
Die Machtausübung der Staatssicherheit, in dem sie das Leben der Küstenbewohner erst umfassend kontrollierten und lenkten, um anschließend mit körperlicher Gewalt und hohen Gefängnisstrafen die Enteignungen durchzuführen, schockierte mich.
Mit diesen Methoden wollte ich mich keinesfalls identifizieren.
Wie können Menschen nur so brutal auf nonkonformistisches Verhalten wehrloser Bürger reagieren?
Diese Situation bewegte mich so sehr, dass wir an unserem letzten Abend am Meer, ein ausführliches Gespräch über diese Thematik führten, ein Gespräch, das den Sonnenaufgang überdauerte und noch lange kein Ende nahm.
Mir gegenüber saß Gerhard, ein Mann, den ich über

alles liebte, dennoch gab ich ihm unmissverständlich zu verstehen, dass sich diese unmenschlichen Methoden nicht mit meinem Gewissen vereinbaren lassen.
Eine Zusammenarbeit mit dem MfS wird es zukünftig nicht mehr geben!
Erst hüllte er sich in Schweigen, dann bereitete er Tee und belegte Brötchen, nahm mich in den Arm und gab ein Geheimnis preis, das bisher alles Erlebte in den Schatten stellte:
"Veronika, ich breche jetzt alle Regeln der Vernunft, begehe vielleicht sogar Verrat, trotzdem werde ich Dir jetzt meine wahre Identität offenbaren, in der Hoffnung, Du überdenkst noch einmal Deine Entscheidung.
In der DDR bei Stollberg im Erzgebirge, befindet sich auf einer Hügellandschaft idyllisch gelegen ein Schloss.
Schloss Hoheneck, das größte Zuchthaus und Frauengefängnis der Staatssicherheit."

Kapitel 8
Das geheime DDR-Zuchthaus
" Schloss Hoheneck"

Als Gerhard erstmals über dieses Zuchthaus sprach und sein dortiges medizinisches Aufgabengebiet offenbarte, wagte ich es nicht, ihn zu unterbrechen und fand keine Worte für das, was ich dann hörte.
Er vertiefte seine Ausführungen:
"Schloss Hoheneck, das größte Frauengefängnis der DDR, berüchtigt für seine katastrophalen Haftbedingungen mit Dunkel- und Wasserzelle, wird streng geheim gehalten.
Ein Bau, in dem es im Winter selten wärmer als zehn Grad wird.
Im Gefängnis "Hoheneck" gibt es an Insassen alles, was es in der DDR offiziell nicht gab.
Analphabeten, Diebe, Mörderinnen, viele von ihnen sitzen lebenslänglich.
Aber die meisten Frauen sind aus politischen Gründen inhaftiert.
Diese Frauen haben es doppelt schwer, sie werden von den Kriminellen gedemütigt und von den Wachen gemobbt.
Politisch inhaftierte werden nicht in der Küche, der Wäscherei oder als Kalfaktor eingesetzt, sie gelten als intelligent und eine Provokation für die Wachen, die meist keinen Schulabschluss haben.
Die Umstände im Gefängnis sind entwürdigend, eine Zelle für vierzehn Frauen, die mit Tripelstockbetten ausgestattet sind und Räume, die sich mehr als vierzig Inhaftierte teilen müssen.
Auf den zwei Zellenklos, müssen die Frauen vor den Augen aller, ihre Notdurft verrichten, dürfen nur einmal

pro Woche duschen.
Die Kälte ist überall, an den Fenstern den Wänden, den Türen.
Bei vielen Frauen bleibt die Regel aus, Stress und Kälte zerstören ihre Körper.
Veronika, ich spreche hier meist nur über die politisch Inhaftierten.
Das Essen ist ungenießbar, überlagert, im Mehl tummeln sich Raupen, die Kartoffeln stinken zum Himmel, Sauerkraut als einziges Gemüse und Obst gibt es gar nicht.
Dieses grauenhafte Schauspiel spielt sich täglich hinter sieben Meter hohen Gefängnismauern ab.
Das "Schleusentor" birgt den einzigen Ein- und Ausgang der Gefängnisfestung.
Schloss Hoheneck teilt sich in Haupttrakt, Torhaus, Krankenhaus, Wirtschaftsgebäude und Süd-, Nord- und Westflügel auf.
Mein Arbeitsbereich befindet sich im Untergeschoss des Krankenhauses, die Operationsräume und Krankenzimmer im Obergeschoss.
Täglich muss ich miterleben, wie Massenmörderinnen, Wahnsinnige und Kindesmörderinnen lautstark mit ihren Taten prahlen, um die Politischen zu schikanieren und einzuschüchtern.
Viele Kriminelle sind geistig zurückgeblieben, dazu befinden sich noch psychisch Gestörte unter ihnen.
Diese Frauen haben das Sagen, die politischen sind diesen Frauen hilflos ausgeliefert, es ist für sie lebensgefährlich, aber von der Stasi so gewollt.
Kontinuierlich werden dem Essen Hormone beigefügt, viele Frauen leiden dadurch unter Dauerblutungen, erhalten aber pro Monat nur eine Packung Mullbinden, Zellstoff ist Mangelware.
Täglich erlebe ich mit Patientinnen grausame Verzweiflungstaten.

Viele von ihnen verletzen sich oft selbst, um auf die Krankenstation zu kommen.
Sie schlucken Besteck oder Scheren, schieben sich Nadeln tief unter die Haut.
Schütten sich Haarlack in den Tee und setzen mit Brot, Zucker und Marmelade Wein an, um betrunken zu werden. Ohnmächtig werden sie dann auf die Station gebracht.
Die Bestrafungen für die Politischen fallen noch höher und härter aus, denn sie sind Staatsfeinde.
Körperliche Misshandlungen durch Wärterinnen, die meist selbst aus gewalttätigem Umfeld kommen, sind an der Tagesordnung.
Stundenlanges Duschen unter kaltem Leitungswasser.
Schläge mit Gummiknüppeln auf Köpfe und Schultern.
Bei Verweigerungen jeglicher Art, müssen die Frauen 8 bis 16 Stunden stehen.
Kälte und Nässe haben Erkältungen, erfrorene Füße und Darmverschlüsse zur Folge.
Viele von ihnen schweigen, wenn sie zur Behandlung kommen, aus Angst vor weiteren Strafen.
Eine Patientin, die wegen Fluchtversuch inhaftiert wurde, erzählte mir, eine Wärterin habe ihr wochenlang die Post ihrer Kinder vorenthalten und sie im Glauben gelassen, die Kinder hätten sich abgewandt von der Mutter.
Daraufhin schrie sie der Wärterin ins Gesicht: „Ich komme hier irgendwann raus, aber Ihr Bestien, müsst hier lebenslänglich ausharren."
Dafür erhielt sie die schlimmste Bestrafung in Hoheneck, die Wasserzelle im Gefängniskeller.
Diese Bestrafung wurde häufig mit politisch Inhaftierten durchgeführt.
Angekettet musste sie sieben Tage isoliert und in völliger Dunkelheit in kaltem Wasser stehen.
Das Wasser stand ihr bis zu den Hüften.

Die Frauen stehen in ihren eigenen Fäkalien und bekommen meist nichts zu essen.
Diese Bestrafung ist lebensgefährlich, werden diese Frauen nicht mit Antibiotika behandelt, können sie sterben.
Andere Einsatzärzte sprachen hinter vorgehaltener Hand, diesbezüglich auch von Todesfällen.
Ein Arrest in der Dunkelzelle im Keller des Westflügels, bedeutet Haft in feuchten Verliesen, völlig dunkel und ohne Heizung, bis zu 21 Tagen an Gitter gekettet.
Anschließend kamen die Frauen zur ärztlichen Untersuchung auf die Station, hätte ich sie für gesund befunden, konnten weitere 21 Tage folgen.
Mörderinnen und Geisteskranke werden dagegen bei Regelverstoß und Verweigerung geringer bestraft, sie erhalten Dauermedikationen mit Psychopharmaka, die auch den Politischen verabreicht werden.
Frauen sammeln die Tabletten und so kommt es vor, dass sie mit einer Überdosis eingewiesen werden.
Nun, Veronika, ich bekomme keine Chance, meinen Einsatz als Arzt in Hoheneck zu beenden, wenn Du nicht bereit bist, für die Staatssicherheit zu arbeiten.
Das ist die Bedingung, nein falsch, das ist Gesetz, man will uns zusammen sehen, dies ist der Auftrag."
"Gerd, ich bin fassungslos, was um Gottes Willen führte Dich in dieses Zuchthaus?
Hängt es mit Deiner Vergangenheit zusammen? Du kannst doch dort nicht freiwillig arbeiten?"
"Meine Liebe, darauf wirst Du von mir nie eine Antwort erhalten, bitte akzeptiere das."
"Gut, ich habe keine Wahl, wenn ich an diese verzweifelten Frauen denke, sie sind Mütter wie ich, die haben doch nichts verbrochen, politisch, was ist das schon, ich kann das nicht glauben. Aber ich habe es hier an der Küste selbst erlebt, diese Menschen wurden

enteignet, man hat ihnen alles genommen, sie inhaftiert, ja um Gottes Willen, Gerhard, was ist das für eine Organisation, diese Stasi?
Ich erkläre mich bereit, zusammen mit Dir, für diese Institution zu arbeiten.
Aber nur, weil ich es nicht ertragen könnte, dass Du weiterhin diesen Frauen die seelisch und körperlich zugefügten Wunden verarzten musst.
Der Gedanke daran, dass Du in diesem Umfeld tätig bist, würde unsere Beziehung zerstören.
Ich kann mit Dir keine Zärtlichkeit austauschen, mit der Vorstellung, dass Du vielleicht Stunden zuvor eine halbtote Frau aus der Wasserzelle behandeln musstest.
Gerhard, es findet sich bestimmt ein Weg, diese Stasiarbeit zu umgehen, doch zuerst musst Du Deine Arbeit in Hoheneck beenden, das ist meine Bedingung!"

Kapitel 9
Mein "kindischer" Plan

Ich hatte den unstillbaren Willen, unser Schicksal selbst in die Hand zu nehmen.
Verspürte eine Sehnsucht nach Abenteuer und das gleichzeitige Verlangen nach Sicherheit.
Wenn unsere Mütter und Großmütter sich bei ihrem Ehemann "verwählt" hatten, mussten sie diesen folgeschweren Fehler meist bis zum Tod ausbaden.
Ich stelle andere Ansprüche an meinen Partner, und der oberste ist: Mein Partner soll mich gefälligst glücklich machen, ich will nicht nur einen Mann, ich will den "Richtigen, den idealen Mann, der mich liebt, unterstützt und sexuell glücklich macht.
In Gerhard habe ich diesen Mann gefunden und keinesfalls würde ich noch einmal diese Beziehung leichtfertig aufgeben.
Doch mit Wilfried steckte ich noch in einer Ehe, die mich täglich unglücklicher machte.
Ich weiß, wie man Menschen für sich gewinnt, Überzeugung und Vertrauen sind dabei von entscheidender Bedeutung.
Gerd vertraute mir, gab sein geheimstes Insiderwissen preis, um mich langfristig für eine Zusammenarbeit mit der Staatssicherheit zu gewinnen.
Er verfolgt ausschließlich seine eigenen Interessen und das mit einer Intensität, die atemlos macht.
Sein Argument, willst Du etwas erreichen, musst Du Menschen rühren, nicht schütteln, wollte ich mir nun für meinen waghalsigen Plan zu nutze machen.
Auf dem Gut meiner Eltern lebte ich privilegiert und verwöhnt, bis der Krieg unser sorgenfreies Leben zerstört hatte. All meine Talente und Begabungen lagen

brach, weil ich eine folgenschwere Kehrtwendung in meinem Leben vollziehen musste.

Das Gefühl alles zu verlieren, ständig einen Kampf ums Überleben zu führen, ließ mich nicht mehr los, dies bedeutete auch das Ende all meiner Träume.

Hinzu kam das Unvermögen mit der neuen Lebenssituation in Berlin fertig zu werden, die Ehe mit Wilfried, das Zusammenleben mit seiner Mutter, die nie an ernsthaftes Arbeiten gewöhnt war.

Es musste mir gelingen, einen Weg zu finden, um Gerhard für immer an mich zu binden.

Was weibliche Rollenmodelle angeht, habe ich Glück gehabt. Ich wuchs in dem Glauben auf, dass Frauen alles können, diese Überzeugung hatte ich von Mutter Elisabeth geerbt.

Ich verwandte ungeheure Disziplin darauf, meine Probleme zu verbergen, zu klagen war mir fremd.

Am Ende meiner Suche nach einem starken Mann, der mir das Gefühl tiefen Vertrauens vermittelte, eine Heimat bot und das Leben einfach in die Hand nahm, stand nur ein Name, Gerhard, ein bestimmender und willensstarker Mensch.

Er wollte mit mir im Dienste der Staatssicherheit arbeiten, doch privat distanzierte er sich zunehmend, auch unsere Treffen in Constances Villa reduzierte er auf ein Minimum.

Schnelles Handeln meinerseits war nun angesagt und ich begann meinen Kampf mit den Waffen einer Frau, traf mich mit ihm für ein Wochenende in unserer Villa und verführte ihn nach allen Regeln der Kunst. Wir liebten uns so leidenschaftlich, das wir Raum und Zeit vergaßen.

Dabei verfolgte ich akribisch mein Ziel, von ihm schwanger zu werden und dies gelang mir auch in jener Nacht.

Mit meinem Ehemann Wilfried, pflegte ich schon

Monate keinen intimen Kontakt mehr, er liebte nur noch seinen Alkohol.
Somit stand die Vaterschaft außer Frage.
Nun suchte ich nach einer Möglichkeit, die Schwangerschaft vor Gerhard zu verbergen, als Arzt hätte er die Zeichen deuten können und eine sofortige Abtreibung gefordert.
Ein Kind zum jetzigen Zeitpunkt wäre in seinem Sinne eine Katastrophe und würde die Zusammenarbeit mit der Staatssicherheit unmöglich machen, ganz zu schweigen von meiner familiären Situation.
Verzweifelt wandte ich mich Rat suchend an meine Freundin Constance.
Als ich sie über mein Vorhaben informierte und um Unterstützung bat, hatte sie eine geniale Idee.
Sie umarmte mich stürmisch:
"Gott wie schön Veronika, Glückwunsch zur Schwangerschaft, Du willst Deiner großen Liebe Gerhard folgen, trägst Euer Kind unter dem Herzen, er soll es aber noch nicht erfahren. Du bist noch gebunden in der Ehe mit Wilfried und ihr habt eine gemeinsame Tochter, Regina, die auf dem Weingut Deiner Eltern aufwächst.
Ja, meine Liebe, eine sehr komplizierte Situation.
Du wirst nicht mehr lange so schlank bleiben.
Wie willst Du das Deinen "Männern" erklären?
Einer so tapferen und liebenswerten Frau wie Dir, Veronika, werde ich selbstverständlich helfen.
Vielen Menschen hast Du den Weg in die Freiheit ermöglicht, dabei Dein Leben riskiert und Deine große Liebe geopfert, Du musst jetzt Deinen Weg gehen, kämpfe um Dein Glück."
Ich fühlte mich sehr schlecht bei dem Gedanken, Gerhard durch ein Kind an mich zu binden.
Natürlich rechtfertigte ich mich sofort, dass es aus tiefer Liebe geschehen ist, ganz im Gegensatz zu

den menschenunwürdigen Stasi-Methoden, die im Zuchthaus "Schloss Hoheneck" Anwendung finden, um den Willen der Inhaftierten zu brechen.
Gerhard konnte in diesem Umfeld als Mediziner tätig sein, obwohl er täglich mit dem Leid vieler Insassinnen konfrontiert wird, die Spuren ihrer Misshandlungen oder Verzweiflungstaten behandeln muss.
Ich frage mich, wie abgeklärt muss er eigentlich sein, um sich dieser Herausforderung stellen zu können?
Was weiß ich eigentlich über ihn?
Constance holt mich aus meinen Gedanken:
"Veronika, ich sehe eine Möglichkeit, Deine Schwangerschaft vorerst geheim zu halten.
Mein Nachbar, Professor Nagel, betreibt ein Privatsanatorium in Süddeutschland, Prominente aus Kultur und Politik suchen dort Erholung und lassen sich behandeln. Ich würde Dir dort einen längeren Aufenthalt finanzieren, somit könntest Du sorgenfrei Deine Schwangerschaft fortführen.
Zwei Monate Kuraufenthalt werden ausreichen, dann kann auch Gerhard Dein Kind nicht mehr gefährden.
Wir werden uns einen guten Grund überlegen, um den Aufenthalt zu begründen.
Wie Du Dich auch entscheiden wirst, meine Liebe, ich werde immer für Dich und Dein Kind sorgen, das verspreche ich Dir hiermit.
Gott ist mein Zeuge."
Ich schloss sie ganz fest in meine Arme:
"Constance, ich liebe Dich, Danke."
Tränen liefen über mein Gesicht, es grenzt schon an ein Wunder, dass ich auf meinem Lebensweg immer wieder ganz besonderen Menschen begegnen darf.
Plötzlich hatte sie einen genialen Einfall:
"Veronika, wir fahren gemeinsam in das Sanatorium, meinem Rheuma wird eine Kur gefallen und Du begleitest mich als gute Freundin.

Gegenwärtig musst Du so viel bewältigen, für eine Erholungsphase wäre genau jetzt der richtige Zeitpunkt und wir haben für Deine Lieben eine plausible Erklärung.
Somit hat auch Gerhard keinen Grund, dem nicht zuzustimmen.
Ja, meine Liebe, ich werde sofort alles in die Weg leiten und dann geht es los, das Kind werden wir schon schaukeln!"
Wie gewohnt konnte ich mich auf Constance verlassen und freute mich sehr auf die gemeinsame Zeit mit ihr.
Dabei ahnte sie nichts von meinem Plan, vor allem durfte sie niemals etwas über unsere berufliche Perspektive in Zusammenarbeit mit der Staatsicherheit erfahren.
Sie würde mir umgehend ihre Freundschaft kündigen und gleichzeitig den Staatsschutz informieren.
Wilfried und Schwiegermutter Irmgard begrüßten und unterstützten mein Vorhaben, mit Constance eine Kur durchzuführen.
Gerhard negierte sofort einen Kuraufenthalt und hielt einen zweimonatigen Zeitraum für unakzeptabel.
Ich beruhigte ihn damit, dass ich vielleicht schon vorzeitig zurückkommen würde.
Dann ging alles sehr schnell, Constance plante, organisierte und buchte für uns im Sanatorium zwei Appartements und schon bald darauf konnten wir unsere langfristige Reise antreten.
Mit dem Auto ließen wir Berlin hinter uns.
Zwei Monate verweilten wir im Sanatorium und kehrten anschließend gut erholt in die Stadt zurück.
Constance erwies sich als wunderbare Weggefährtin, wir vertieften unsere Freundschaft.
Sie fühlte sich berufen, uns zu beschützen.
Ich befand mich bereits im vierten Schwangerschaftsmonat und mein Bäuchlein zeigte

schon die ersten kleinen Rundungen.
Was wird wohl Gerhard dazu sagen?
Wird er es bemerken?
Zu Hause angekommen, war ich über Wilfrieds Erscheinungsbild sehr erschrocken, aufgedunsen und ungepflegt trat er mir entgegen, Irmgard hingegen machte einen depressiven Eindruck, dieses Umfeld wollte ich schnellstmöglich verlassen.
Ein Wiedersehen mit Gerhard in der Grunewald-Villa konnte ich kaum erwarten.
Als ich mich der Villa näherte, kam er mir schon aufgeregt entgegen und begrüßte mich leidenschaftlich:
"Veronika, Liebling, endlich bist Du wieder zurück!
Ja sag einmal, Du hast Dich aber im Gesicht verändert und hast auch zugenommen, was ist passiert?
Nein lass mich raten, Du bist schwanger, um Gottes Willen, Vroni, bist Du wahnsinnig, das ist der falsche Zeitpunkt!"
"Nein, Gerhard, nicht der falsche Zeitpunkt, das ist die falsche Frage.
Ja, ich erwarte ein Kind, unser Kind und es wird in fünf Monaten das Licht der Welt erblicken, damit wirst Du Dich abfinden müssen und die Staatssicherheit auch!"
"Veronika Du bist wahnsinnig, das dürfen sie nie in Erfahrung bringen, das grenzt an Hochverrat, die würden mich sofort einsperren.
Ein Kind mit einer Mitarbeiterin, dies ist in meinem Funktionsplan nicht vorgesehen.
Ich bin ein "Romeo-Agent" der Stasi, im Fachjargon gesprochen, ich ficke fürs Vaterland.
Meine Zielpersonen sind Mitarbeiterinnen in Sicherheitsbehörden oder Sekretärinnen von Wirtschaftsbossen.
Als Inoffizieller Mitarbeiter erhielt ich hierfür eine klassische Ausbildung mit fundiertem Fachwissen der Hauptabteilung Aufklärung.

So schaut die Realität aus, mein Mädchen, und Du überraschst mich mit einer Schwangerschaft, Veronika, ich habe Dich immer geliebt, aber wir müssen hier etwas trennen und unsere Beziehung ausgrenzen.
Wenn wir zusammen arbeiten, können wir reisen und schöne Stunden zu zweit erleben, aber ein gemeinsames Kind passt leider nicht in dieses Schema.
Du hast Deine Grenzen überschritten Vroni, verlange jetzt bitte von mir kein Verständnis für diese fatale Situation.
Vorerst muss ich mich zurückziehen und meine Auftraggeber darüber in Kenntnis setzen, dass Du von Deinem Ehemann ein Kind erwartest aber beabsichtigst, gleich nach der Geburt die Zusammenarbeit fortzusetzen.
Es gibt für uns nur eine gemeinsame Zukunft, wenn Du Deine Familie allzeit im Glauben lässt, es ist Euer Kind.
Bist Du dafür bereit?"
Entsetzen überkam mich, wie konnte er nur sein Aufgabengebiet so vulgär darstellen und dies noch in einem Atemzug mit unserem Kind?
Natürlich stimmte ich Gerhard zu, schwor sogar, dieses Geheimnis für immer zu hüten.
Fünf Monate später wurde ich von einer zauberhaften Tochter entbunden, sie wurde auf den Namen Gerda getauft.
Mein Plan ging auf, unabhängig davon, was noch passieren wird, Gerda wird uns ein Leben lang verbinden und dies machte mich sehr glücklich.

Kapitel 10
Sieg oder Selbstaufgabe

Der Mond stand silbern über unserem Haus.
Das mächtige Licht spiegelte sich in dem kleinen Gartenteich. Es war wieder eine dieser Nächte, in denen ich keine Ruhe fand und in den Garten lief.
Unwirklich waren meine Erinnerungen an Jahre, die vergangen sind, versunken, lebendig und tot zugleich, die nur noch in meinem Gehirn phosphoreszieren und sich zu Worten versteinert haben.
Ich erkannte plötzlich, dass Gerhard nicht mehr kommen würde, hatte es nur nicht wahrhaben wollen. Es war auf einmal alles klar und einfach, ich hatte erreicht was ich begehrte, ein gemeinsames Kind, unsere Tochter Gerda.
Doch was erwarte ich nun von ihm?
Dass er meinetwegen alles hinwerfen würde?
Er zurückkommen würde, wie früher?
Welch eine Narrheit!
Sicherlich gibt es eine andere und nicht nur eine, sondern auch ein anderes Leben, das er nicht aufgeben wollte!
Wie artikulierte er sich als Romeo-Agent?
"Ficken fürs Vaterland."
Schon Mutter Elisabeth hatte mich gelehrt, man kann eifersüchtig sein auf eine Liebe, die sich abgewendet hat, aber nicht auf das, wohin sie sich gewendet hat.
Seine Liebe ist die Staatssicherheit, da gibt es für ihn kein Zurück mehr, wer einmal dort angefangen hat zu arbeiten, kann diese Organisation nicht mehr verlassen.
Ich will nicht mehr warten, bis in meinem Leben etwas passiert, couragiert werde ich jetzt losziehen und passiere mein Leben!

Mein Ehemann Wilfried hatte jeglichen Kontakt zu seiner Umwelt verloren.
Der Gedanke an meine Einsamkeit schmerzte, doch die Welt um mich herum war noch da.
Das Leben geht weiter, ich begab mich wieder in die Welt.
Mutter Elisabeth sagte einmal zu mir:
"Was immer Du machst, musst Du doppelt so gut machen wie ein Mann, damit Du für halb so gut gehalten wirst!"
Ich nahm wieder Kontakt zu Gerhard auf. Erklärte meine uneingeschränkte Bereitschaft, mit ihm für die Staatssicherheit zu arbeiten. Bat um Aufnahme in die Sozialistische Einheitspartei Deutschlands (SED) und richtete sogar meine Zukunft dahingehend aus.
Wenige Tage später erschien er dann mit zwei elegant gekleideten Herren in unserem Haus.
Die Männer stellten sich höflich vor und zeigten mir gleichzeitig ihre grünen Dienstausweise vom Ministerium für Staatssicherheit, mit aktuellem Passfoto.
Wir setzten uns und tauschten belanglose Höflichkeiten aus. Ich gab mich redegewandt und zog somit die Aufmerksamkeit der Herren auf mich:
"Darf ich Sie etwas fragen?"
"Was immer Sie wollen," antworteten sie im Refrain.
"Warum führen wir dieses Gespräch in meinem Haus?"
"Vielleicht kann ich das beantworten," sagte einer der Herren.
"Wir sind eben anders, und wir sind stolz darauf. Wir stellen nicht viele Damen ein und reagieren auch nicht auf Bewerbungen, wir finden sie!
Laut unserer Recherchen haben Sie auf dem Gebiet politischer Arbeit einiges zu bieten, deshalb wollen wir Sie kennenlernen.
Erzählen Sie etwas über Ihre Familie.

"Warum ist das wichtig?"
"Dies ist sehr wichtig für uns," erklärte mir einer der Herren freundlich.
"Wir wünschen uns gesunde Familienverhältnisse. Eine glückliche Mitarbeiterin ist eine produktive Mitarbeiterin."
"Wie steht es um Ihre Ehe?"
"Meine Ehe ist sehr glücklich, ich habe vor kurzem unsere Tochter Gerda geboren."
Dabei schaute ich Gerhard an, er senkte den Blick auf seine Notizen und zeigte keinerlei Reaktion. Es ist doch sein Kind, wir haben uns einmal vertrauen können, extrem belastende Situationen gemeinsam durchgestanden und nun verhält er sich wie ein Puritaner.
Aus meinen Gedanken riss mich einer der Herren.
"Wir behalten uns das Recht vor, jeden Mitarbeiter einem Alkohol- und Drogentest zu unterziehen."
"Ich nehme keine Medikamente oder Drogen und trinke kaum Alkohol."
"Doch bitte gestatten Sie mir die Frage, was für eine Tätigkeit werde ich am Anfang ausführen?"
Beide Herren schauten Gerhard an. Die Antwort war seine Sache.
"Wir schicken Sie je nach Auftrag in unterschiedliche Städte Deutschlands, dabei wird die praktische Arbeit anfangs nicht aufregend sein, Sie werden viel beobachten, analysieren und erfassen. Ich werde Sie dabei begleiten."
Beide Herren lächelten und nickten. Selbstverständlich wussten sie sehr viel mehr von mir, meiner Familie, als sie zugaben. Sie erkannten mein ausgeprägtes Verlangen nach Erfolg.
Psychisch auf einen absoluten Tiefpunkt angelangt und physisch ohnehin angegriffen, erreichte mich die Nachricht über den plötzlichen Tod meiner Mutter.

Für mich war der plötzliche Tod Elisabeths ein tiefer Einschnitt.
Ich verlor meine engste Vertraute, mein Vorbild und sicheren Halt im Leben.
Dieser erneute Schicksalsschlag machte mir schwer zu schaffen.
Nach kurzer schwerer Krankheit wurde sie mit dreiundfünfzig Jahren aus dem Leben gerissen.
Mein Vater Erich, verlor seine große Liebe, seine schöne und kluge Frau, diesen Verlust konnte er nicht überwinden, er erhängte sich auf dem Dachboden unseres Gutshauses.
Mit dem Tod meiner Eltern musste ich erst einmal zurechtkommen und einen ganz neuen Weg einschlagen.
In dieser äußerst schweren Lebensphase stand mir Constance zur Seite, in den Stunden großer persönlicher Not, in der Zeit des Schmerzes über den Verlust der geliebten Eltern, gab sie mir Halt und konsultierte mit mir die besten Ärzte, die mich mit Medikamenten versorgten, die die Welt ein wenig erträglicher machten.
Gerhard kondolierte nur telefonisch und bat um Benachrichtigung, wann ich wieder für eine Zusammenarbeit bereit sei.
Wilfried trank weiter und Irmgard versteckte sich hinter ihren Depressionen.
Ich weiß nicht, welcher Schicksalsschlag mich mehr traf, der Tod der Eltern oder die Tatsache mit einem Trunkenbold als Ehemann und einer halbverrückten Schwiegermutter ein Leben unter einem Dach zu führen.
Meine Tochter Regina, ein gut behütetes Kind, verwöhnt und liebevoll von den Großeltern aufgezogen, kam nun fünfjährig in die Familie. Doch unsere Tochter Gerda, erst wenige Wochen auf der Welt, beanspruchte meine ganze Aufmerksamkeit.

Ich wollte mit Gerhard ein neues Leben beginnen, mit ihm unser gemeinsames Kind aufziehen.
Jetzt trug ich auch noch die Verantwortung für ein Mädchen, das ich gleich nach der Geburt in die Obhut meiner Eltern gab, das die besten Internate besuchen sollte, um später einmal eigenständig das Familienunternehmen führen zu können.
Nun stand Regina erwartungsvoll vor mir und schaute mich mit ihren großen Kulleraugen an, diesmal allerdings mit spürbarer Distanz und kaum verborgener Abneigung gegen ihren neuen Aufenthaltsort.
Ich musste handeln, mein Leben bestand nur noch aus permanentem Beherrschen.
Schon seit langem träumte ich von einer eigenen Wohnung in Berlin.
Das Vermögen meiner Eltern, das ich gut zu schützen verstand, sicherte mir die Unabhängigkeit und zugleich die Möglichkeit entsprechende Projekte in Angriff zu nehmen.
Ich signalisierte Gerhard meine Bereitschaft, mit ihm zu arbeiten.
Engagierte eine examinierte Kinderkrankenschwester für Gerda und Regina.
Eine Hauswirtschafterin in Vollzeit, befriedigte unsere häuslichen Bedürfnisse.
Während ich für uns in einem vornehmen Wohnbezirk Ostberlins eine neue Wohnung mit hochwertigem Mobiliar einrichtete, lief das Familienleben in unserm Haus am Stadtrand unbürokratisch weiter.
Das Hauspersonal sorgte für einen geregelten Tagesablauf, angefangen von der Kinderbetreuung bis zum Abendmenü.
Für mich war der Erwerb der neuen Wohnung die allerbeste Investition zur rechten Zeit, am richtigen Ort und zukünftig gesehen, ganz nach meinem Geschmack.
Ich liebte die Berliner Großstadtatmosphäre und genoss

das quirlige Leben der Hauptstadt.
Hier stellte ich die Weichen für ein neues, abenteuerreiches Doppelleben in der Deutschen Demokratischen Republik.

Kapitel 11
Begegnungen in Leipzig

1956 erfolgte die Umwidmung des Staatssekretariats für Staatssicherheit zum Ministerium für Staatssicherheit.
Ende der fünfziger Jahre begann die Staatsicherheit systematisch Themen über Einrichtungen wichtiger Industriezweige "politisch - operativ" zu bearbeiten.
Dafür wurden speziell geschulte und ausgebildete Inoffizielle Mitarbeiter in Schlüsselpositionen platziert.
Großes Interesse galt hierbei auch den Wirtschaftsbossen der Industrie, die an der Realisierung der DDR- Wirtschaft einen wesentlichen Anteil trugen.
Unser Wohnungswechsel nach Berlin verbunden mit der ersten Aufgabenstellung der Stasi, die Gerhard übermittelte und akribisch überwachte, sorgte für Stabilität in meinem Leben und war für mich ein enormes Erfolgserlebnis.
Endlich stand ich vor einer Herausforderung, bei der ich mich beweisen konnte.
Mein erster Auftrag führte mich zur Leipziger Frühjahrsmesse.
Die Leipziger Messe war in der DDR die erste Adresse für internationale Geschäfte.
Mit ihrer über 800-jährigen Geschichte ist die Leipziger Messe eine der ältesten der Welt.
So erschien beispielsweise 1752 das erste Adressbuch für Messekaufleute.
Auf Empfehlung von Zarin Katharina II. wird 1780 in Leipzig ein russisches Konsulat eingerichtet.
Die Völkerschlacht bei Leipzig 1813 bringt Napoleon die kriegsentscheidende Niederlage ein.
1920 fand auf dem neu erbauten Gelände der Technischen Messe am Völkerschlachtdenkmal die

erste Internationale Frühjahrsmesse statt.
Durch Kriegseinwirkungen wurden die Messeanlagen zu 80 Prozent zerstört.
Nach Gründung der DDR nehmen 1954 Aussteller aus 37 Staaten an der Leipziger Messe teil.
Die Messe hat ihre Weltbedeutung wiedererlangt, erhält damit eine wichtige politische Bedeutung für den Internationalen Warenverkehr und entwickelte sich in der DDR zu einem wichtigen Zentrum im Ost-West-Handel. Der kommunistischen Regierung diente die Messe als Bühne zur Präsentation der industriellen Leistungsfähigkeit der DDR.
Hier trafen sich die West- und Ostdeutschen Wirtschaftsbosse auf engstem Raum und unterzeichneten ihre schon im Vorfeld ausgearbeiteten Verträge.
Während der Messe residierten sie meist im "Hotel Fürstenhof", dem ältesten Luxushotel Leipzigs. Architektonisch interessant ist der Serpentinsaal, er wurde mit dem Marmor der sächsischen Könige, dem erzgebirgischem Serpentin ausgekleidet und ist weltweit einmalig.
Ein Haus der Luxusklasse, das keine Wünsche offen ließ, hierher führte mich mein erster Auftrag.
Mit Gerhard checkte ich schon vor Messebeginn ein, wir bezogen eine Suite der obersten Etage, die durch eine Durchgangstür getrennt werden konnte.
Elegante Garderobe war erwünscht, langes Abendkleid und Smoking gehörten zu unserem Pflichtprogramm.
Er überreichte mir eine Handtasche, integriert mit Diktiergerät und Fotoauslöser, die fortan meine Garderobe komplettierte.
Am Abend weihte mich Gerhard in sein Arbeitsgebiet ein und erläuterte mir erstmalig die strukturelle Aufteilung der Diensteinheiten unserer Auftraggeber:
"Veronika, bevor ich mit meinen Ausführungen

fortfahre, bist Du ab sofort zur Geheimhaltung verpflichtet und musst mir diesbezüglich ein Schriftstück unterzeichnen. Verfehlungen, meine Liebe, sind eine Straftat und können Dir sehr schnell einen Aufenthalt in "Schloss Hoheneck" einbringen.
Doch bevor wir uns endlich unserem Begehren hingeben können, noch einige dienstliche Anmerkungen. Die Staatssicherheit verfügt über mehrere Diensteinheiten, darunter auch meine Abteilung – die Hauptabteilung II.
Unsere offensive Arbeit im "Operationsgebiet" obliegt überwiegend jedoch der Hauptverwaltung A – den inhaltlichen Schwerpunkt nachrichtendienstlicher Tätigkeit in der Bundesrepublik Deutschland und West-Berlin, als den inoffiziellen Mitarbeitern in Zielobjekten, zu denen Du zukünftig gehören wirst.
Die Diensteinheiten für Sonderaufgaben wurden nicht im Ministerium für Staatsicherheit untergebracht, ihnen dienen Villen in Berlin Karolinenhof am Langen See und Schulzendorf zur dezentralen Unterbringung.
Gegenwärtig bin ich der Hauptverwaltung IV verpflichtet, der wirtschaftlichen und wissenschaftlichen technischen Aufklärung in der Bundesrepublik Deutschland und West-Berlin.
Wir wollen Quellen in der Industrie, in Entwicklungs- und Forschungsinstituten gewinnen, sind im innerdeutschen Handel aktiv und die Leipziger Messe stellt für uns derzeit die wichtigste Operationsbasis dar.
Hier, meine Schöne, beginnen wir morgen mit unserer Arbeit, die uns in ein Kaffeehaus führen wird.
Im historischen "Kaffeebaum" zu Leipzig, eines der ältesten historischen Kaffees Europas, verkehren Besucher von Welt. Hier hatten berühmte Dichter wie Johann Wolfgang von Goethe und Gotthold Ephraim Lessing, die Komponisten Franz List und Richard Wagner und Universitätsgelehrte ihren Stammtisch an

dem sie philosophierten, spielten, speisten und tranken.
Während der Messe treffen sich hier westliche Unternehmer und Spitzenmanager um Verträge abzuschließen. Sofern die männlichen Stasi-Mitarbeiter nicht die Absichten, Maßnahmen, Mittel und Methoden des tatsächlichen Feindes ranschaffen können, erfolgt Dein Einsatz, Veronika."
"Mein Einsatz, wie soll ich das verstehen, Gerhard, Du erwartest doch nicht von mir, dass ich mich mit diesen meist alten und übergewichtigen Kerlen ins Bett begebe, sie verführe, um anschließend ihre Aktenkoffer zu durchforschen.
Ach ja und vorher schütte ich noch etwas in ihre Drinks, damit sie nicht aufwachen und ein kleines Foto geschossen mit meiner neuen Abendtasche darf ja auch nicht fehlen und ihr lustvolles Stöhnen aufgenommen mit dem Mikrofon rundet den Auftrag ab und ihr habt dann ein leichtes Spiel, vergiss es mein Lieber, Eure Nutten sind die Profis für diese Aktivitäten!"
„Beruhige Dich, meine Liebe, und sei bitte nicht so vulgär, unsere Nutten werden nur für niedrige Arbeiten eingesetzt, Du aber bist eine Lady mit Stil und Klasse, bewegst Dich perfekt auf jedem Parkett.
Dein großer Auftritt, eine anschmiegsame Lady, ausgestattet mit westdeutschem Pass, weibliche Persönlichkeit einer geistig – kulturellen hoch stehenden gebildeten Dame, eine elegante – charmante Gesellschafterin, die mit ihrem bezaubernden Liebreiz verlockt und intime Abenteuer verspricht.
Dein Auftrag:
"Im Kaffeebaum - Kontaktaufnahme mit Zielperson, einem der mächtigsten Wirtschaftbosse der Industrie, in Vorarbeit für eine spätere Begegnung in Düsseldorf.
Du schaffst es, Veronika, Du bist ein Naturtalent, tagsüber eine Lady mit Titel, nachts ein Vamp, enttäusche mich nicht, ich habe für Dich gebürgt."

"Hört sich sehr interessant an, natürlich werde ich diesen Auftrag annehmen und auch ausführen, aber bitte erkläre mir den Zusammenhang mit dem westdeutschen Pass und bitte, von welchem Titel sprichst Du, meinen trage ich seit der Eheschließung mit Wilfried nicht mehr."
"Natürlich gerne, tausende Westbürger haben bei der Stasi einen Doppelgänger.
Agenten der Staatssicherheit reisen durch die ganze Welt und geben sich mit falschem Pass als Westbürger aus.
Tausendfach werden an den Grenzen, in den Hotels, Ausweise heimlich kopiert und dann nachgemacht.
Ausgestattet mit falschen Pässen können wir dann überall unter falschem Namen spionieren.
Fünf Reisedokumente auf den Namen von Westbürgern lagern in meinem Diensttresor, ich nutze sie später für Reisen in die BRD, Schweiz und Österreich.
Nach der Leipziger Messe führt Dich ein Auftrag mit entsprechendem Pass zwecks Kontaktaufnahme nach Köln. Zuvor habe ich Dich hierfür schon in einem Karnevalsverein angemeldet und registrieren lassen, denn Deine Zielperson sitzt und residiert in diesem Karnevalsverein. Er war bereits 1954 aktives Gründungsmitglied beim "Bund Deutscher Karneval" im Kurfürstlichen Schloss Mainz. Dies muss Dir vorerst genügen, weitere Informationen bleiben Dir vorenthalten, das erfordert meine Funktion."
"Gerd, ich bin sprachlos, ich frage mich, kenne ich Dich überhaupt, mir wird immer bewusster, Du bist ein Karrierist und Individualist.
Erläutere mir jetzt bitte meinen Auftrag und anschließend würde ich gern mit Dir im Restaurant zu Abend essen."
"Schön, dann hör mit jetzt gut zu, die Region von Düsseldorf über Köln bis nach Bonn zählt zu den

größten und bedeutendsten Standorten der Chemischen Industrie in Europa.
Die gesamte Branchenpalette ist dort vertreten, die pharmazeutische Industrie, Kunststoffverarbeitung, Hersteller von Körperpflegemitteln, Lacke und Farben und die Kautschukproduktion. In unmittelbarer Nachbarschaft der Chemieunternehmen haben sich zahlreiche Forschungseinrichtungen niedergelassen.
Diesen Einrichtungen gebührt unsere ganze Aufmerksamkeit und Du Veronika, wirst über die Zielperson diesen Kontakt herstellen. Die Vorarbeit hierfür haben bereits unsere Agenten geleistet, schau Dir genau die Fotos dieses Herren an, wir nennen ihn Silberfuchs, silberfarben das Haar und schlau wie ein Fuchs, studiere seinen Lebenslauf und präge Dir ganz genau das Aufenthaltsprotokoll seiner Aktivitäten der letzten Wochen ein. Erwecke sein Interesse an Deiner Person und gewinne sein Vertrauen, er ist schließlich auch nur ein Mann.
Wie Du es anstellst, ist Dein Part.
Morgen Abend im Kaffeebaum wirst Du auf ihn treffen, er hat ein Geschäftsessen arrangiert und bereits eine Tischreservierung im Blauen Salon veranlasst. Unsere Mitarbeiter werden immer in Deiner Nähe sein und ab sofort arbeitest Du bitte mit aktiviertem Mikrofon, somit können wir jedes Wort verfolgen. Veronika, dies ist Deine Bewährungsprobe, eine zweite Chance bekommst Du nicht, überlege also gut, wie Du mit ihm Kontakt aufnehmen wirst, Du bist eine Lady, das ist unübersehbar.
Alles andere obliegt Deiner Fantasie und Deinem Können, Du bist für große Aufgaben vorgesehen, also arbeite professionell. Viel Glück, mein Engel, und jetzt werden wir zum gemütlichen Teil des Abends übergehen."
Gerd überreichte mir alle erforderlichen Unterlagen und

mir war bewusst, das wird eine lange Nacht um die vielen Fotos und Protokolle zu studieren.

Wenn ich mir die Bilder des Herrn "Silberfuchs" genau betrachte, erkenne ich in seinen Augen versteckten Charme, er wirkt maskulin, eine stattliche Erscheinung, ich verspreche mir schon eine interessante Begegnung mit ihm und fieberte dem morgigen Abend entgegen.

Mit Hilfe der herausgegebenen Informationen unserer Stasi-Agenten muss es mir gelingen den "Silberfuchs" individuell anzusprechen. Ich werde mich - so gut es geht - in ihn hineinversetzen und überlegen, welche Ziele er an diesem Abend verfolgt. Mit viel Fingerspitzengefühl einen Erstkontakt aufbauen und gut über meinen Ansprechpartner informiert, wird es mir leicht fallen, einen angemessenen Anlass, zur Kontaktaufnahme zu finden.

Als ich am nächsten Tag gegen Abend das "Kaffeebaum" betrat, richtete sich meine ganze Aufmerksamkeit sofort auf den großen, ganz in schwarz gekleideten Herrn, der im Salon, in einem roten Ledersessel, genussvoll seine Zigarre rauchte.

Er verkörperte die Zielperson.

Mit diesem Mann hatte ich keinesfalls ein leichtes Spiel, seine Augen könnten in Flammen stehen, wenn sich jemand den stummen, unbeugsamen Willen dieses Mannes entgegenstellte.

Eine eisige Glut ging von ihm aus und ich hatte keine Ahnung, wie ich meinen Auftrag ausführen könnte. Aber jetzt gibt es kein Zurück mehr, ich muss mich meinem Schicksal stellen, anderenfalls hätte ich schon verloren.

Ich bewegte mich auf ihn zu, verführerisch gekleidet in einem eleganten, schwarzen Abendkleid, das alle weiblichen Reize dezent in den Vordergrund rückte und hoffentlich seine Fantasie anregte:

"Einen schönen Abend," hauchte ich zärtlich in sein

Ohr.
"Den werden wir vielleicht haben, wenn Sie sich bitte vorstellen würden?"
Er hat angebissen, ich dachte, jetzt nur nichts falsch machen und fuhr fort.
"Gestatten Sie mir bitte die Frage, sind wir uns schon einmal in Düsseldorf begegnet?"
"Nicht das ich wüsste," antwortete er mit weicher Stimme.
"Aber wir könnten es ja einmal versuchen."
Jetzt flirtet er schon mit mir, alles richtig gemacht, Veronika, und ging erneut zum Angriff über:
"Verzeihung, jetzt erinnere ich mich genau, es war in Köln, beim Karneval, Sie haben mich auf einer Karnevalsveranstaltung geküsst, Ihrem betörendem Aftershave konnte ich schon damals nicht widerstehen, Sie haben es auch heute aufgelegt."
Er erhob sich aus seinem roten Ledersessel, nahm meine Hand, küsste sie und bat mich, für diesen Abend seine Tischdame zu sein.
"Bitte nennen Sie mich Veronika, ich bedanke mich für die charmante Einladung."
"Veronika, Sie sind eine bezaubernde Lady, ich bin sicher, wir werden noch viele interessante Stunden miteinander verbringen. Hiermit lade ich Sie schon jetzt zu unserer Karneval-Veranstaltung nach Köln ein."
Ich küsste ihn zärtlich auf die Wange und nahm seine Hand.
Er ist ein Gentleman mit guten Manieren, ich wollte ihn näher kennenlernen und suchte seine Nähe.
Der „Silberfuchs" glaubte an eine zufällige Begegnung mit mir und ahnte nicht, dass er schon fest im Visier der Stasi war.
Nach der Abendveranstaltung verließen wir gemeinsam das "Kaffeebaum" und fuhren in unser Hotel. Dort schaltete ich sofort mein Handtaschenmikrofon aus, der

Wunsch nach einem sexuellen Rauscherlebnis mit ihm, überwog alle Ängste und Bedenken.
Wir erlebten eine wundervolle Nacht, er begehrte meinen Körper und ich gehörte ihm, durch unsere Liebesspiele ignorierte ich völlig meinen Auftrag, alle Industrieunterlagen die sich in seinem Hotelsafe befanden, zu kopieren.
Bei Sonnenaufgang verließ ich sein Zimmer.
An diesem Morgen war mir alles egal, ich dachte nicht darüber nach, Mutter zweier Mädchen zu sein, die ungeduldig in Berlin auf mich warteten, ganz zu schweigen noch Gedanken an meinen Ehemann Wilfried zu verschwenden.
In dieser Nacht habe ich meinen Gefühlen freien Lauf gelassen.
Mit meinem Schicksal, dem Unglück einer verheirateten Frau, die zwischen Eheversprechen, Windeln wechseln und Liebessehnsucht zerrissen wird, muss ich mich letztendlich arrangieren.
Ständig dem Reiz der Versuchung und Schuldgefühlen ausgesetzt zu sein, endet letztlich in einem sexuellen „Burn-out". Mich treibt die Sehnsucht nach dem Unbekannten, nach sich lebendig fühlen und Aufregungen in mir.
Den Auftrag der Stasi habe ich in dieser Nacht nicht ausgeführt und egal welche Strafe ich auch dafür zu erwarten habe, ich bereue nichts.
Doch ich habe eine Mission zu erfüllen und begab mich umgehend in unsere Hotelsuite.
Gerhard empfing mich schon ungeduldig im Morgenrock. Als ich eintrat, ging er zur Wand neben der Tür und lehnte sich mit der Stirn dagegen, die Hände auf den Rücken verschränkt, als hätte sie jemand gefesselt. Und dann ganz plötzlich, hob er sie hoch und schlug mit den erhobenen Fäusten gegen die Wand, immer wieder, es war ein verzweifeltes Trommelfeuer

von dumpfen Schlägen, eine Eruption von ohnmächtigem Zorn, ein hoffnungsloses Anrennen gegen den Verlust unser glücklichen Zeit.
Sein Blick strafte mich mit Missachtung:
"Ich habe oft daran gedacht, Dich zu verlassen, nun, in dieser Nacht bist Du mir zuvorgekommen. Die Agenten haben Euer Treiben beobachtet und festgehalten.
Veronika, es gibt zwei Arten von Frauen, die einen verkörpern Stil und Klasse, die anderen geben sich wie Huren, Du gehörst zur letzteren Kategorie.
Was geht nur in Dir vor, Du hast Deinen Auftrag nicht erfüllt?"
"Ich konnte nicht anders handeln, dies ist eben mein Naturell. Mein Körper scheint sein eigenes Gedächtnis zu haben, die Erfahrung dieser Nacht, war die Erfahrung genießerischer Eitelkeit, im Rausch der Selbstbezwingung schwelgen zu können.
Mein Lieber, darf ich Dich daran erinnern, auch Du fickst fürs Vaterland, Ihr habt mir die Methode um an Informationen zu gelangen, in Eigenregie überlassen, es gehört alles zu meinem Plan, Du wirst die Protokolle erhalten, aber bitte, störe nicht meine Aktivitäten und jetzt würde ich gern bis zum Mittagessen meinen Schönheitsschlaf halten.
Einen schönen Tag Gerhard."
Mit einem Glas Champagner in der Hand begab ich mich ins Bett und ließ die Nacht noch einmal Revue passieren, betrachtete dabei im Deckenspiegel meinen Körper, er ist schön, verführerisch erotisch, ich berührte mich und verspürte eine starke Erregung.
Meine Gedanken kreisten um Silberfuchs, ich musste nicht mit ihm schlafen, dies gehörte keinesfalls zu meinen Auftrag, ich wollte es! Schon bei unserer ersten Begegnung im Salon suchten wir die Nähe zueinander.
In der Piano Bar tanzten wir eng aneinander gepresst einen Tango, unsere Körper zitterten, ich spürte seine

Erektion und bemühte mich krampfhaft die Contenance zu bewahren.
Später sprachen wir über Schriftsteller und stellten überraschend fest, das Henry Millers Werke: Wendekreis des Krebses und Wendekreis des Steinbocks, die im Jahr 1953 mit je 1500 Exemplaren in Deutschland erhältlich waren, zu unserer Lieblingslektüre gehörte.
Wir sind zwei erotisch intelligente Menschen und hatten miteinander viel Spaß am Sex, nach der uralten Gesetzmäßigkeit: Anziehung und Hindernis gleich Erregung.
Je höher die Schwelle des Überwindens war, desto größer war die Begierde und Lust.
wir ignorierten alle Tabus. Die einzige Schattenseite unserer Begegnung sahen wir im Betrug am eigenen Ehepartner. Doch sollten wir deshalb die sexuelle Spannung künstlich am Leben erhalten oder weiterhin den Kick außerhalb der Beziehung suchen?
In vergangenen Jahren bestand die Chance für ein erfülltes Sexualleben nur in meinen nächtlichen Träumen, hier gelang es mir in sexuelle Fantasien einzutauchen, die mir Sinnlichkeit ohne Grenzen schenkte.
In Affären zeigte ich mich gegenüber dem Partner mit echten Gefühlen, blieb aber in der Intimität bei mir selbst, dies ermöglicht mir, jede Beziehung sexuell spannend zu halten.
Diese wohltuenden Gedanken wogen mich endlich in den Schlaf.
Gegen Mittag kam Gerhard zu mir ins Zimmer und sein Blick verhielt nicht Gutes:
"Guten Morgen, Veronika, bist Du wieder ausgenüchtert?"
"Du musst hier nicht so ironisch eintreten, ich war nicht betrunken, es geschah alles aus vollem Bewusstsein und

ich fühlte mich gut dabei. Jetzt hör auf zu schmollen, mein Lieber, die Zumutungen der Stasi, unsere Aufgaben, all die Dinge, mit denen wir in unserem Job fertig werden müssen, sind einfach zu gewaltig, als das unsere Gefühle sie unbeschadet überstehen könnten.
Gerd, unsere Beziehung wird von drei Dingen beherrscht: Begierde, Wohlgefallen und Geborgenheit. Am flüchtigsten ist die Begierde, dann kommt das Wohlgefallen und leider ist es zwischen uns so geschehen, dass die Geborgenheit, das Gefühl in dem Anderen aufgehoben zu sein, zerbrochen ist.
Vergangenheit sind die Zeiten auf dem Gut meiner Eltern in Süddeutschland, als wir in dem kleinen Turmzimmer des Westflügels Zukunftspläne schmiedeten und uns die Welt gehörte."
"Ich akzeptiere Deine Meinung, Veronika, nicht der Schmerz und die seelische Verletzung der letzten Nacht sind das Schlimme, das Schlimme, das ist die Demütigung, die ich durch Dich erfahren musste, einer Frau, die mir erst ein Kind geboren hat."
"Wenn Du das so siehst, hättest Du mich niemals mit der Staatssicherheit konfrontieren dürfen, sondern Dich offiziell zu mir und unserer Tochter Gerda bekennen müssen.
Der Silberfuchs begehrte mich letzte Nacht leidenschaftlich und sinnlich und dies war wunderschön. Vielleicht habe ich mich sogar in ihn verliebt, er ist ein charismatischer Gentleman und im Gegensatz zu Dir, teile ich ihn nur mit seiner Ehefrau. Ich könnte ihm nach Köln folgen, warum eigentlich nicht, warten wir doch erst einmal ab!"
"Veronika, Du bist verrückt, willst Du im Zuchthaus "Hoheneck" landen?
Auf Dich warten in Berlin Deine Töchter Regina und Gerda. Regina hat ein furchtbares Schicksal erleiden müssen, sie hat in kurzen Abständen ihre geliebten

Großeltern auf so tragische Weise verloren, musste ihre Heimat, das Gut in Süddeutschland verlassen, sie ist Eure Tochter, hilf ihr bei der Verarbeitung ihres Traumas und übertrage nicht die Verantwortung auf Deine Schwiegermutter und ihren alkoholkranken Sohn Wilfried, währenddessen Du Dich hier in Leipzig mit einem Großindustriellen amüsierst!"
"Gerhard, bitte unterlass künftig Deine ständigen Drohungen mit dem Zuchthaus "Hoheneck", es wird langweilig, dieses Argument zieht bei mir nicht mehr! Solang Du dort noch als Mediziner tätig bist, werden sie mich in Ruhe lassen. Oder?"
"Du begreifst nichts Vroni, noch immer bist Du Dir über die Machenschaften der Staatsicherheit nicht im Klaren, wie naiv bist Du eigentlich?"
"Finde es heraus, ich treffe mich jetzt mit Silberfuchs zur medizinischen Massage und werde während er gut durchgeknetet wird, in seinem Hotelzimmer den Wandsafe öffnen und die Verträge kopieren. Deine Agenten lauern ja auf jeder Etage, somit kann ich ungestört meinen Auftrag ausführen."
Nach diesem kurzen Gespräch begab ich mich nur in einem Bademantel gekleidet zur Dachterrasse in die Massageabteilung.
"Silberfuchs" erwartete mich schon in der Lobby. Er nahm meine Hand und begrüßte mich herzlich: "Veronika, ich spüre Dich noch immer, wie geht es Dir? Du hast mich heute Nacht sehr glücklich gemacht und ich hoffe sehr, es war nicht unsere einzige?"
"Ganz sicher nicht mein Nerz, jetzt möchte ich Dich aber erst einmal mit einer erotischen Massage verwöhnen. Darauf müssen unsere Körper zuvor mit heißem Moor vorbereitet werden und gut durchblutet werden wir dann sehr gelenkig sein."
"Warum nennst Du mich Nerz?"
"Du warst heute Nacht einer!"

"Was bedeutet das, meine Liebe?"
Leicht verlegen antwortete ich ihm:
"Ein menschlicher Orgasmus dauert ca. 20 Sekunden, die meisten Tiere erleben ihn bis zu 30 Minuten, nur beim Nerz dauert der Orgasmus bis zu 5 Stunden, Kompliment mein Lieber!"
Während sich "Silberfuchs" in die professionellen Hände eines Masseurs begab und in warme Moortücher mumifiziert wurde, führte mich mein Weg direkt in sein Hotelzimmer. Dabei erinnerte ich mich an die Worte meiner Mutter, die sie mir mit auf den Weg nach Berlin gab: Was immer eine Frau macht, muss sie doppelt so gut machen wie ein Mann, damit sie für halb so gut gehalten wird.
Zum Glück ist das nicht schwer. Meinen Auftrag führte ich aus.
Das millionenschwere Zahlenmaterial wurde exzellent kopiert und führte letztendlich zu einem positiven Vertragsabschluss.
Dafür stellte mir die Staatsicherheit die ersten Privilegien frei.
Mit dieser ersten Aktion setzte ich Prioritäten und hatte auch noch viel Spaß dabei.

Kapitel 12
Von Tamara zum TANTRA
(Elite- Ausbildung vom MfS)

Am 13. August 1961: Rings um Westberlin riegeln bewaffnete Verbände der DDR die Stadt hermetisch ab, der Bau der Mauer beginnt und hat Deutschland durch eine scharf bewachte Grenze in zwei Hälften geteilt, die zur längsten Betonleinwand der Welt wurde und als das "beste Grenzsicherungssystem" der Welt galt.
Der Checkpoint Charlie wurde der bekannteste Grenzübergang zwischen Ost und West.
Im Oktober 1961 standen sich hier amerikanische und sowjetische Panzer gegenüber, als die USA fundamentale Rechte des Berlin-Status verteidigten.
Mauer und Stacheldraht schirmten die DDR von der Außenwelt ab.
Im Inneren wachte die Staatssicherheit.
Der Mauerbau kam für die Hauptverwaltung Aufklärung überraschend und verlangte eine Neuausrichtung der operativen Arbeitsweise. Nach Grenzschließung verfügten die Hauptabteilungen über ein Monopol an Informationszugängen und Kanälen zur Bundesrepublik.
In einer Zeit, in der die Lösung aller Probleme von den Wissenschaften erwartet wurde, mussten auch führende Mitarbeiter und Agenten der Staatssicherheit akademische Ausbildungen vorweisen können. Dafür wurden gesondert Lehrkräfte an der Hochschule des KGB in Moskau ausgebildet.
In vielen Ausbildungs- und Weiterbildungsseminaren wurde ich auf ein Studium an der "Hochschule des Ministeriums" der Staatssicherheit vorbereitet, um höheren Aufgabenstellungen und Anforderungen der

Hauptabteilung Aufklärung (HA) gerecht werden zu können, um neueste Erkenntnisse der Geheimdienst-Tätigkeit zu erwerben, wurde ich verpflichtet, ein Direktstudium aufzunehmen, obwohl ich in Zusammenarbeit mit Gerhard noch in anderen Projekten eingebunden war.

Die Hochschule des MfS befand sich außerhalb Berlins und war eine der wenigen Hochschulen der DDR, die publizistisch nicht in Erscheinung trat.

Entsprechend der beruflichen Laufbahn wurden bereits während der Studienzeit hohe Studiums-Anwärterbeträge gezahlt, was eine enorme Privilegierung für uns Studenten bedeutete und in der DDR singulär war. Das Ziel des Studiums war vorrangig die Ausbildung für einen Geheimdienst. Dabei richtete sich das Augenmerk gezielt auf die Studienrichtung operative Psychologie und moderne Physiognomik.

Im Hörsaal hatten wir die erste Begegnung mit einem Dozenten der Psychologie, einem charismatischen Gentleman im besten Mannesalter von dominanter Virilität.

Wir Studentinnen hielten den Atem an und hingen an seinen Lippen, als er sich mit tiefer Stimme vorstellte: "Meine Damen, meine Herren, Angst, ein Wort, bestehend aus einem Vokal und vier darauf folgenden Konsonanten, verbannen Sie bitte sofort aus Ihrem Sprachgebrauch. In Ihrem beruflichen Tätigkeitsbereich können Sie alle Emotionen zulassen, aber Angst erkennt Ihr Gegner sofort, Sie verlieren die klare Sicht auf die Dinge und das kann für einen Agenten tödlich enden.

Jeder Mensch trägt seinen Charakter offen zur Schau. Unbewusst natürlich.

Es fällt ihm nicht auf, dass er sich mit seinen Handbewegungen, seinem Schritt, seiner Art, sich zu bewegen und zu benehmen, mit seiner ganzen

äußeren Erscheinungsform, wie in tausend kleinen Dingen verrät.
Für einen Stasi-Agenten ist es ein Muss, die untrüglichen Kennzeichen einer Zielperson in seiner Persönlichkeit und individuellen Eigenart zu erfassen und glauben Sie mir bitte, nichts ist interessanter im Leben, als die Analyse des Menschen, die Erforschung seiner Persönlichkeit, seines Charakters und seiner Lebensart. Eine Wissenschaft, die nie abgeschlossen ist."
Er weihte uns in die Geheimnisse der Psychonicologie ein. Eine Verhaltensweise des Menschen aus der Art, wie er die Zigarette oder Zigarre hält, Schlüsse auf seinen Charakter und seine Stimmung ziehen zu können, die bei einer Erstbegegnung, erfahrungsgemäß mit einem Raucher, von Vorteil sein kann. In seinen Vorlesungen folgten sogar unsere männlichen Kommilitonen fasziniert seinen Ausführungen, als er die Merkmale eines Rauchers definierte, die uns dabei helfen, Charaktereigenschaften auf den ersten Blick zu erfassen.
An einigen Beispielen erläuterte er uns Richtlinien des Zigarettenhaltens:
-Wer die Zigarette zwischen Zeigefinger und Mittelfinger in der oberen Hälfte hält, kann als offene, angenehme Natur betrachtet werden.
-Wer die Zigarette mit zwei Fingern hält und gelegentlich mit dem Daumen abstützt, verrät eine gewisse weltgewandte Liebenswürdigkeit.
-Wer die Brennseite der Zigarette in Richtung seiner Hand hält, versucht oft etwas zu verheimlichen, ist nicht offen gegenüber seiner Umwelt.
-Auf den Daumen gelegte Zigarette, mit dem Zeigefinger gehalten und dem Mittelfinger abgestützt, zeugt eher von einem eigensinnigen Menschen, der glaubt er vergebe sich etwas.

-Wer die Zigarette zwischen den zur Faust geballten Fingern hält, ist eine vorsichtig abwägende, fast immer rücksichtslose Natur.
-Wird die Zigarette kampfwillig in die Welt hinausgehalten, muss man damit rechnen, einen entschlossenen, vor nichts zurückschreckenden Zeitgenossen vor sich zu haben.
In Seminaren der Persönlichkeitsanalyse unterwies er uns in Perspektiven der Menschenkenntnis, in dem man Charakterfehler und Schwächen des Anderen rechtzeitig erkennt und sich ihm gegenüber entsprechend verhält.
Wir Studentinnen waren an der Hochschule in der Minderzahl vertreten, nach wie vor ist es auch in der DDR ein männliches Privileg an einer Elite-Schule ausgebildet zu werden. Aus diesem Grund war auch der Hörsaal gut besucht, als sich die neue Dozentin für Nachrichtentechnik Namens „Tamara" ankündigte.
Aufgeregt und aufgerichtet wie die Erdmännchen saßen unsere männlichen Kommilitonen in ihren Klappsitzen und schauten angespannt zur Hörsaaltür.
Dann erschien sie, Tamara, eine schon in die Jahre gekommene KGB-Kampfmaschine mit einem Lebendgewicht von mindestens 110 Kilogramm und russischer Seele.
Tamara habe ich nie vergessen können, ich erinnere mich noch genau an die erste Begegnung mit ihr im Hörsaal, als sie sich vorstellte und ein Student lautstark äußerte:
"Oh, was für ein Wüstenschiff!"
Tamara nahm ihre Brille ab und richtete ihren zornigen Blick auf ihn:
"Jungchen, noch solch eine Bemerkung und ich hänge Dich für den Rest der Stunde eigenhändig an Deinen Eiern, am Deckenhaken auf!"
Wir bemühten uns, ihre Äußerung mit einem verächtlichen kleinen Lachen abzutun.

In Tamaras Vorlesungen konnte man künftig eine Stecknadel fallen hören, jeder von uns hatte Angst, die Studenten um ihre Hoden und wir Mädels wollten erst gar nicht darüber nachdenken, sicher hätte sie bei Verstoß damit gedroht, uns an den Brustwarzen aufzuhängen.
In ihren Seminaren bildete sie uns in Nachrichtentechnik aus. Die technischen Ausrüstungen der Stasi: Abhörtechnik, Aufzeichnungsgeräte, Spiegelreflexkameras, Passkontrollgeräte, Geruchsdifferenzierung und weitere Fachgebiete der Technologie unterwies sie im Schnelldurchlauf, da in unserer Sektion mit Hauptaugenmerk auf Industriespionage, kaum technische Spionage-Ausrüstung zum Einsatz kommt.
Viel interessanter und reizvoller war dagegen eine TANTRA-Massage-Ausbildung, die in einem Institut durchgeführt wurde. Diese Ausbildung war sehr kostenaufwendig und wurde nur fünf Studentinnen bewilligt, die für eine Auslands-Agententätigkeit ausgebildet wurden.
Gerhard sorgte schon aus Eigeninteresse dafür, dass ich zum Kreis der Auserwählten gehören durfte.
TANTRA hat sich in der Wahrnehmung vieler Menschen zu einer indischen Spielart der Liebeskunst entwickelt.
TANTRA-Massagen wurden auch im praktischen Teil der Ausbildung,
-„Bewegliche Körper und bewegliche Gedanken öffnen die Sinnlichkeit"-
in den Focus der Lehre des Kamasutras, gestellt.
In diesem Semester wurde gelehrt, körperliche Energieströme wahrzunehmen und durch entsprechende Massagetechniken körperlich tief empfundene Lust und Liebesgefühle so zu trainieren, um sinnliche, orgastische und ekstatische Gefühle zu erlangen.

TANTRA stellte für mich die Wiederentdeckung meines erotisch-sexuellen, wilden Selbst dar.
TANTRA propagiert nicht immer die Sexualität. In einer Massage werden verschiedene fundierte Massagetechniken zusammengefasst. Während einer Massage begibt man sich auf eine berührende, aufregende und abwechslungsvolle Reise durch den ganzen Körper, dabei werden alle Sinne sensibilisiert und geöffnet, ohne dabei vorherzusehen, wohin die Reise geht. Wer die Ekstase des Sexes einmal kennengelernt hat, kann verstehen, worauf die Mystiker immer hingewiesen haben, dass es einen größeren Orgasmus, einen kosmischen Orgasmus gibt (Auszug aus dem Buch der Frauen von Osho).
TANTRA-Massagen sind erotisch-sinnliche Berührungen, die mit zärtlichen Verführungselementen Stress abbauen oder sexuelles Feuer stärker entfachen können.
Während der gesamten Ausbildung fand zwischen Teilnehmern kein Austausch in Form von gegenseitiger Massage, Petting, Küssen, Oral- oder Geschlechtsverkehr statt.
Ein Sexualtherapeut und TANTRA-Trainer bildete uns in der Massagetechnik aus.
Das Seminar eröffnete er mit den Worten:
"Wenn Du beginnst, Massage zu lernen, vertiefen sich Deine Erfahrungen ständig und werden immer stärker. TANTRA-Massage ist eine der feinsten Künste, sie ist nicht nur eine Frage des Könnens. Sie ist eine Frage der Liebe."
Wir wurden in einen sensiblen Raum geführt, eine große Bodenmatte aus Leder - eingerahmt von brennenden Kerzen - strahlte der Ort Nähe und Vertrauen aus.
Während der Ausbildung trugen wir nur ein Seidentuch um die Lenden geschlungen.

Wir wurden angeleitet wie wir einen Partner berühren und massieren können, um das Zusammenspiel von Gefühl, Verstand und Körper zu verstehen.
Dieses Training erfolgte auf der Bodenmatte, im Wechsel zwischen Trainer und Studenten, ein Spiel zwischen Anspannung und Entspannung, Hingabe und Ekstase, eine ganz neuartige Erfahrung, die durch pulsieren, vibrieren, zucken und bewegen erfahrbar war.
In den Massageausbildungen erhielten wir auch Gelegenheit, sich selbst in der eigenen Emotionalität zu erfahren.
Im TANTRA ist die Nacktheit etwas ganz natürliches und somit auch in unseren Seminaren. Dabei ist die Masseurin der aktive Teil – der Partner der passive. Während der Massage wird so viel Körper wie möglich eingesetzt; Brüste, Bauch, Hände und Lippen geleiten mit zartem bis heftigem Streichen über den ganzen Körper des Partners, dabei wird meist kein Körperteil ausgelassen. Die Massage verläuft ruhig und es wird nicht gesprochen.
Im Ausbildungsseminar KAMASUTRA-Massagen, verbinden sich KAMA (die Liebe) und SUTRA (die Lehre) im Zusammenhang mit Massage zur Kamasutra-Massage, ein ganzkörperlicher Ausdruck in Form eines Schlangentanzes.
Viele Massagetechniken aus dem TANTRISCHEN finden hierbei in erweiterter Form ihre Anwendung.
In Kamasutra-Massagen geht es überwiegend um Genitalmassagen und Bewegungen, die sehr intensiv eingebunden in einem ganzkörperlichen Zusammenhang stehen – eine Kunst, Mehrfachorgasmen bis hin zu ekstatischen Gefühlen zu erlangen.
Um diese Massagetechnik ausführen zu können, muss man sehr gelenkig sein und eine gute Kondition besitzen.
Eine Masseurin bewegt sich dabei in rhythmischen

Schlangentanz ähnlichen Körperbewegungen auf, neben oder unter dem Partner und stimuliert sein sexuelles Verlangen.
Diese Massage hat das Ziel, eine Erektion bei gleich bleibendem Lustempfinden so lang wie möglich zu halten und eine Ejakulation so weit wie möglich hinauszuzögern.
Dies kann durch Vaginalmuskelkontraktionen unter Einbeziehung der gesamten Beckenbodenmuskulatur erreicht werden.
Das Training hierfür erwies sich als ziemlich kompliziert, forderte unsere ganze Aufmerksamkeit und war keinesfalls etwas für Damen mit starken Schamgefühlen oder labiler Psyche.
Zum Erlernen dieser Massagetechnik, führte uns der Trainer in einen Raum, in deren Mitte sich ein rechteckiger Glastisch befand, der in großen Bodenspiegelfliesen integriert war.
Auf die Glasfläche des Tisches platzierte er nun kleine Kugeln aus Schaumzucker, die uns das Trainieren der Vaginal- und Beckenbodenmuskelkontraktionen erleichtern sollte, mit dem Ziel, diese vollständig in die Vagina aufnehmen zu können.
Jede von uns begab sich nacheinander mit gespreizten Beinen über die Glasplatte des Tisches und versuchte (mit Blick auf den Bodenspiegel), die Kugeln an der Öffnung der Vagina zu platzieren um sie anschließend mit Kontraktionen tief einzusaugen.
Abschließend möchte ich aus eigener Erfahrung anmerken, diese Ausbildung war für mich nicht nur von großem Interesse, sie lehrte mich auch, in einer sexuellen Begegnung, traumhafte und gleich mehrere Orgasmen gemeinsam zu erleben, bis man dann erschöpft, glücklich und innig ineinander Verschlungen allmählich entspannt.

Kapitel 13
Leben mit der Mauer

Das Leben mit der Mauer war ein Schicksalsschlag für Berlin und seine Menschen.
Familien wurden plötzlich auseinander gerissen, viele Biographien geprägt und Menschen, die über diese Grenze in die Freiheit flüchten wollten, getötet.
Für uns alle stellte die Mauer einen tiefen Einschnitt in unsere Gewohnheiten dar, egal, auf welcher Seite sich unser Lebensmittelpunkt befand.
Ich verlor dabei meine einzige Vertraute und Freundin Constance und vermisste vor allem auch das pulsierende Leben Westberlins, mit seinen sehr interessanten Freizeiteinrichtungen.
Gerade in dieser schwierigen Lebenslage sehnte ich mich mehr als je zuvor nach meinen Eltern und überbrückte manche Einsamkeit, indem ich die Initiative ergriff und mit Gerhard ausgiebige Telefonate führte.
Mit dem komplizierten Verhältnis zu meinem Ehemann Wilfried und seiner Mutter, musste ich indes leben, ohne einen Ausweg aus dieser anhaltenden Belastung zu sehen.
Nach Einzug Wilfrieds und der Mädchen in unsere Berliner Wohnung, brach für mich eine Zeit an, die mir sehr viel abverlangte.
Nach allem, was ich an Höhen und Tiefen erlebte, in welche Abgründe ich auch immer geblickt hatte, überforderte mich diese neue Situation völlig.
Keinesfalls wollte ich mich damit zufrieden geben, nur eine Mutter- und Hausfrauenrolle zu besetzen. Zum Glück ermöglichten mir die finanziellen Rücklagen aus dem Vermögen meiner Eltern, eine Haushaltshilfe und

zusätzlich einen Privatlehrer für Regina und Gerda anzustellen, so dass ich sie immer gut betreut wusste. Niemand sollte mir vorwerfen können, eine Rabenmutter zu sein.
Der Staatsicherheit signalisierte ich sofortige Bereitschaft, wenn erforderlich, auch im Ausland für sie tätig zu werden. Darin sah ich auch eine Chance, meine Freundin Constance zu treffen.
Nach dem Mauerbau hatte sie sofort ihre Villa im Grunewald verkauft und ist in ihr Sommerhaus auf Sizilien gezogen. Dies muss Gedankenübertragung gewesen sein, denn nur einige Minuten später rief sie mich aus Italien an:
"Veronika, meine Liebe, wie geht es Dir dort in Dunkeldeutschland, warum hast Du nie etwas von Dir hören lassen?"
"Constance, ich habe doch keine Möglichkeit, einfach zum Telefonhörer zu greifen, um Dich anzurufen, das verbietet unsere Politik und sicher wirst Du verstehen, dass ich in erster Linie dabei an meine Familie denken muss."
"Das verstehe ich ja auch, Veronika, aber es ist sehr traurig, dass sich unsere Wege deshalb trennen mussten. Wie geht es denn deinen Töchtern?"
"Wilfried ist mit den Mädchen in meine Berliner Wohnung gezogen, wir wohnen jetzt alle zusammen. Irmgard lebt weiterhin in ihrem Haus am Stadtrand und holt die Kinder meist in den Schulferien zu sich. Regina mussten wir auf eine Berliner Oberschule umschulen und Gerda wurde erst kürzlich eingeschult. Für mich ist es jetzt sehr schwer, Constance, Wilfried trinkt schon morgens auf nüchternen Magen und wenn er genug hat, schläft er nur noch, ich hasse diesen Mann.
Für die Mädchen ist er als Vater kein Vorbild mehr, die schämen sich für ihn.
Gerhard sehe ich nur noch selten, immer auf Reisen,

er kümmert sich um seine Messegeschäfte und die findet ja bekanntlich zweimal jährlich in Leipzig statt."
"Mein Gott, Veronika, was für ein Schicksal musst Du nur hinter diesem Eisernen Vorhang erleiden?
Auch auf die Gefahr hin, dass ich mich wiederhole, ich könnte Dir meine Hilfe anbieten Veronika, Du weißt das! Inzwischen war ich einmal dicht an der Mauer in Westberlin und schaute vom Aussichtsturm auf Ostberlin."
"Gab Dir das auch ein Heimatgefühl?"
"Nein, ich war nie weiter weg, Sizilien ist jetzt meine Heimat."
"Constance, Du wirst bald einen Brief erhalten und dann hoffe ich, dass wir uns bald wiedersehen werden. Am Telefon möchte ich nicht darüber sprechen. Ich umarme Dich ganz lieb, bis bald, meine Liebe."
Ich legte auf, der Schmerz war zu groß.
Gerhard fährt demnächst nach Westberlin und wird dort meinen Brief an sie weiterleiten.
Da er meist Diplomatenpost mit sich führt, darf er nicht kontrolliert werden, somit kann ich sicher sein, dass die Stasi den Brief nicht abfängt.
Constance werde ich auf der Leipziger Messe treffen, sie wird im gleichen Hotel wie wir einchecken. Ihr Anruf hat mich völlig aufgewühlt, was würde ich jetzt dafür geben, bei ihr zu sein. Mehr als einmal bot sie mir an, mich durch Fluchthelfer nach Westdeutschland bringen
zu lassen. Ein Vermögen hätte sie dafür investiert. Die Mädchen, ausgestattet mit falschen Pässen, sollten dann später, mit Hilfe einer Organisation, nach Italien ausgeflogen werden.
Doch das eigentliche Problem war Gerhard, ich hätte jeglichen Kontakt zu ihm für immer verloren, das wollte ich nicht riskieren.
Inzwischen war es schon sehr spät geworden, das

Mondlicht fiel durch die Öffnung der Vorhänge wie in einen Lichtschacht und teilte das Zimmer in zwei Hälften diffuser Dunkelheit. Plötzlich erblickte ich Wilfried in der Ecke des Zimmers an der Hausbar mit einem Glas in der Hand:
"Mein Gott, habe ich mich jetzt erschrocken!"
"Das wollte ich nicht, Veronika. Kannst Du auch nicht schlafen?"
"Nein, vielleicht der Mondschein, außerdem ist es zu schade, zu schlafen. Man versäumt zu viel Leben durch Schlafen. Gib mir bitte auch ein Glas."
Wir verweilten noch einen Moment an der Bar und dann ging jeder von uns in sein Zimmer zurück. Was für ein Jammer diese Ehe, die nur auf dem Papier bestand.
Ich musste hier raus, dieses Leben ertrage ich nicht länger. Ich spürte mein Blut, das lautlos wie ein Bach durch meinen Körper strömte. Ich spürte einen scharfen unerträglichen Schmerz in meiner Brust. Etwas riss in mir, zerriss. Unerträglich, dass ich unter dieser Situation so leiden muss. Plötzlich vernahm ich eine flüsternde Stimme in meinem Zimmer:
"Vroni, Liebes." Was für ein Wahnsinn, es ist Gerhard!
Ich ließ meinen Morgenrock fallen, stürzte nackt auf ihn zu und legte meine Arme um seinen Nacken. Ich fühlte die erregende Feuchtigkeit seiner Haut:
"Wie kommst Du in mein Zimmer, bist Du verärgert darüber, weil ich mich direkt mit der Stasi in Verbindung gesetzt habe?"
"Nein, ich bin hier, um mit Dir über einen brisanten Auftrag zu sprechen. Veronika las mich bitte los und ziehe Dir etwas über!"
Ich öffnete seine Hemdknöpfe und drückte meine nackten Brüste gegen seinen Oberkörper.
"Vroni, lass mich los, oder..."   "Oder was?"
Gerhard konnte nicht mehr antworten, er schmiss mich auf mein Bett und wir liebten uns leidenschaftlich.

Eine Etage über uns schlief Wilfried tief und fest, ein Gefühl, das mich ängstigte, aber gleichzeitig auch erregte. Die Wohnung hatte einen sehr guten Schnitt, sie verlief über zwei Etagen und besaß einen Dienstboteneingang, der zum Seitenflügel des Hauses führte.
Gerhard war noch im Besitz eines Zweitschlüssels und konnte sich somit Zutritt zur Wohnung verschaffen.
Nach unserem Schäferstündchen ging ich in die Küche, um Kaffee zu kochen. Er zog sich inzwischen an und rauchte eine Zigarette. Als ich mit dem Tablett ins Zimmer zurückkam setzte ich mich gleich zu ihm:
"Gerhard, man kann gute Worte und schlechte dafür haben. Das ändert nichts daran. Ich liebe Dich und ich werde Dich lieben, bis ich aufhöre zu leben und ich fühle mich keinesfalls schuldig dafür."
"Im Gefühl gibt es keine Schuld, Veronika. Ich habe nachgedacht. Ich habe so viel nachgedacht über mich und über Dich.
Du hast mir nie ganz gehört, da war immer etwas, das war zugesperrt für mich. Unsere Beziehung ist wie ein langsamer Erdrutsch, über den man anfangs lacht, und plötzlich ist nichts mehr da, um sich festzuhalten und man kann sich nicht wehren.
Vielleicht habe ich Dich einmal geliebt Veronika, aber irgendwann habe ich damit aufgehört, daran ändert auch unsere Tochter Gerda nichts.
Meine Liebe hat viele Fassetten, eine davon war unsere. Das war schon immer so, ich habe Frauen angebetet oder sie verlassen, dazwischen gab es nichts!"
"Große Worte Gerhard, wirklich große Worte, ich werde darüber nachdenken, wenn ich Zeit habe. Weshalb bist Du gekommen?"
"Wir müssen einen wichtigen Auftrag ausführen. Ich hole Dich jetzt hier raus, meine Liebe! Bald wirst Du Deinen Messeflirt "Silberfuchs" in Köln aufsuchen und

Eure heiße Affäre fortführen können. Wenn ich mich recht erinnere, wirktest Du damals sehr verliebt."
"Was?" Ich spürte meinen Blutdruck ansteigen.
"Ja, Du hast mich schon richtig verstanden, jetzt wirst Du eine westdeutsche Lady, ausgestattet mit allem was dazu gehört und Kölner Wohnsitz. Wenn alles perfekt organisiert ist, nimmst Du wieder Kontakt zu "Silberfuchs" auf."
"Wie bitte, machst Du Witze?"
"Nein, Veronika, wir benötigen brisante Geschäftsunterlagen die in seinem Institut deponiert sind und Dir muss es gelingen, davon Kopien zu erstellen. Wenn Du das erfolgreich meisterst, erhältst Du Privilegien, die Deine Vorstellungskraft übersteigen. Morgen treffen wir uns um 10.00 Uhr vormittags mit zwei hochrangigen Mitarbeitern vom Ministerium in unserer konspirativen Wohnung am Frankfurter Tor. Dort erhältst Du weitere Informationen."
Endlich durfte ich wieder neue Hoffnung schöpfen, meinem familiären Umfeld zu entfliehen.
Irmgard wird sich danach reißen, mit großem Arrangement ihre Enkeltöchter Regina und Gerda während meiner Abwesenheit zu betreuen und auf unbestimmte Zeit in die Berliner Wohnung ziehen.
Voller Ungeduld konnte ich kaum den nächsten Tag erwarten.
Nach einer kurzen Nacht, machten wir uns auf den Weg zu besagter Wohnung. Sie lag im Zentrum Ostberlins, fünfzehn Autominuten von unserem Haus entfernt. Wir fuhren mit dem Aufzug in das oberste Stockwerk. Die Wohnung befand sich direkt im Turm des Hochhauses.
Nachdem wir kurz den Klingelknopf betätigten, summte ein Türöffner und eine kleine Frau mit weißem Lockenkopf, forderte uns höflich auf, einzutreten.
Im Flur fielen uns gleich die hohen überfüllten Bücherregale und der abgetretene orientalische Teppich

auf dem roten Steinfußboden auf. Es roch nach abgestandenem Essen, Staub und Pfeifentabak.
Sie führte uns in ein Zimmer, das einem Kanzleibüro glich. In der Sesselgruppe saßen zwei Herren bei einem Kaffee und unterbrachen sofort ihre Unterhaltung, als ich das Zimmer betrat:
"Guten Tag, Sie sind sicher Veronika?"
"Ja, ich grüße Sie, ich bin Veronika Winter."
"Oh nein, bitte, wir bleiben prinzipiell nur beim Vornamen. Denn im Laufe unserer Zusammenarbeit werden Sie viele Namen tragen, zu Ihrer und unserer Sicherheit. Lassen Sie uns bitte gleich zur Sache kommen.
Sie haben im Sinne der Staatssicherheit zur Leipziger Messe sehr gute Dienste geleistet und waren in Ihrer Argumentation sehr überzeugend, was unseren "Silberfuchs" betraf, er war Ihnen fast verfallen und hat Sie als westdeutsche Beamtengattin, voll akzeptiert. Wenn Sie ganz ehrlich sind, fanden auch Sie Gefallen an ihm."
"Worauf führen Sie dies zurück?"
"Auf unsere Aufzeichnungen, Sie hatten viel Spaß mit ihm, das war nicht zu überhören und genau aus diesem Grund wurden Sie für diesen Auftrag auserwählt. Er vertraut Ihnen."
"Gut, was muss ich tun, wie lautet mein Auftrag?"
"Wir haben in den vergangenen Wochen genau seine Aktivitäten recherchiert.
Die Protokolle erhalten Sie zu Ihrer Information. Veronika, Sie müssen nach Köln fahren, werden sich dort einige Tage, wenn nötig auch einige Wochen aufhalten, um Ihren Auftrag ausführen zu können. Sie werden von uns mit neuer Identität und westdeutschem Pass ausgestattet, um erneut den Kontakt zu "Silberfuchs" aufzunehmen.
Wie Sie das inszenieren, liegt ganz bei Ihnen, Sie haben

ja schon einmal bewiesen, wie phantasievoll Sie sein können."
"Bitte kommen Sie doch zum Punkt, was wird verlangt?"
"Silberfuchs" bewahrt in seinem Institut, genauer gesagt im Tresor seines Büros, Unterlagen höchster Geheimhaltungsstufe auf, die benötigen wir in Kopie."
"Um welche Unterlagen handelt es sich dabei, meine Herren?"
"Leider wissen wir nicht, welche Unterlagen er dort noch deponiert hat, Sie werden alles kopieren müssen!"
"Verstehe ich Sie richtig, Sie können mir nicht einmal erklären, was Sie benötigen?"
"Nein das können wir nicht, vom Ministerium erhalten wir diesbezüglich keinerlei Informationen."
"Na, das kann ja heiter werden, aber Ihnen ist schon bewusst, dass ich Mutter zweier Mädchen bin."
"Veronika, wir haben bewusst Sie ausgesucht, Sie sind intelligent und können gut improvisieren, außerdem sind Sie sehr attraktiv. Sie sind eine Agentin aus Berufung.
Werden Sie für uns arbeiten?"
"Ja, natürlich, bitte machen Sie mich mit den Einzelheiten vertraut."
"Das wird Gerhard Ihnen ausführlich darlegen und organisatorisch regeln.
Wenn es Ihnen gelingt, die Unterlagen zu beschaffen, dann werden wir Sie würdig belohnen.
Sie erhalten von uns grünes Licht und haben völlige Handlungsfreiheit, wir vertrauen Ihnen.
Vergessen Sie dabei niemals unseren Grundsatz, sollte etwas schief gehen, wir kennen uns nicht.
Viel Glück, Veronika!"
Die nachfolgenden Tage verliefen sehr hektisch für mich, Papiere ordnen, Protokolle einsehen, Einweisung in die neuste Nachrichtentechnik meiner

Aufzeichnungsgeräte, all dies war sehr aufregend und zerrte an meinen Nerven.
Andererseits ertrug ich mich derzeit nur noch, wenn ich arbeitete.
Für meine Familie steckte ich beruflich in großen Vorbereitungen für die kommende Messe in Leipzig, denn letztendlich musste ich ja auch meine Abwesenheit glaubhaft dokumentieren.
Dann war es endlich so weit, der Tag meiner Abreise nach Köln stand bevor.

Kapitel 14
Erotik öffnet jeden Tresor

Es war Ende März und der erste sonnige Frühlingstag, als ich nach ca. sieben Stunden Zugfahrt den Kölner Hauptbahnhof erreichte.
Der Bahnhof war architektonisch eine Augenweide, er befand sich im Stadtzentrum von Köln am Fuße des Kölner Doms.
Die Leute trugen auch hier ihre Mäntel über dem Arm und durch die offenen Waggonfenster strömte milde Luft herein, ohne Zweifel, es wird ein strahlender Tag werden, denn die Sonne brachte den Rhein schon jetzt zum Leuchten. Bei aller Schwärmerei für diese schöne Stadt, ich hatte eine Mission zu erfüllen und führte mich auf wie eine Touristin.
Nachdem meine Euphorie etwas verklungen war, orderte ich ein Taxi und fuhr zum Dom-Hotel, eines der ältesten Grand-Hotels Europas. Dort werde ich logieren, seit jeher ein Treffpunkt für die Kölner Hautevolee und für ein Wiedersehen mit Silberfuchs geradezu prädestiniert. Dies gehört zu den schönen Seiten einer Agententätigkeit und Geld spielt dabei auch keine Rolle. Solang ich erfolgreich bin, steht mir die Welt offen, begehe ich aber nur einen Fehler, kann es durchaus passieren, dass eine Berliner Hinterhauswohnung mein zukünftiges zu Hause sein wird und ich erhalte keine Chance, dieser Situation zu entkommen, dafür sorgt die Staatsicherheit.
Davon bin ich aber weit entfernt, jetzt habe ich erst einmal in diesem etablierten Dom-Hotel eingecheckt und bin fasziniert.
Im Herzen Kölns gelegen mit historischem Charme und direkter Lage neben dem Kölner Dom, dem

Hauptbahnhof sowie zahlreichen Sehenswürdigkeiten, bietet das Hotel den idealen Ausgangspunkt um die rheinische Metropole zu erkunden.
Von meinem Zimmer, mit dem einzigartigen Blick auf den Dom, bin ich überwältigt.
Das hat sich die Stasi schon etwas kosten lassen, in diesem Ambiente kann ich Silberfuchs empfangen.
Für ihn wurde ich mit einer völlig neuen Identität ausgestattet, nur meinen Vornamen habe ich behalten.
Ich hoffe sehr, dass er sich noch an mich erinnert.
So verlockend dieser Kölner Aufenthalt für mich auch ist, möchte ich meinen Auftrag so schnell wie möglich ausführen.
Diese Stadt mit ihren Menschen ist mir so fremd.
Seit ich aus dem Zug gestiegen bin, habe ich das Gefühl, ich bin im falschen Leben gelandet.
Die Berliner sind herzlicher und in Berlin lebt Gerhard, den ich schon jetzt vermisse.
Nein, ich bin mir sicher, in dieser Stadt werde ich niemals Heimatgefühle entwickeln können.
Ich muss endlich diese Gedanken verdrängen, oberste Priorität hat jetzt Silberfuchs und sein Tresor. Eine Frage bewegt mich unentwegt, wie komme ich schnellstmöglich an die geheimen Unterlagen und worauf habe ich mich da eigentlich eingelassen?
Die Papiere befinden sich in seinem Institut, wo aber steht der Tresor?
Mir wird ganz übel dabei, wenn ich nur daran denke, die Aufgabe allein lösen zu müssen.
Nachrichtentechnisch bin ich bestens ausgestattet, eine spezielle Kamera wird für exakte Aufnahmen sorgen, aber wie gelange ich unerkannt an den Tresor?
Die Stasi hätte dieses Problem längst gelöst, wenn sie dafür eine Möglichkeit gesehen hätten.
Wo nur setze ich an?
Mir steht nicht viel Zeit zur Verfügung, unter seinen

Mitarbeitern befinden sich sicher auch sehr aufmerksame und misstrauische Charaktere, eine Begegnung mit ihnen möchte ich unbedingt vermeiden.
Es muss mir gelingen, ihn möglichst unauffällig in seinem Büro aufzusuchen.
Viele Fragen kommen dabei auf, muss der Tresor mit einem Schlüssel geöffnet werden, oder besitzt er eine Zahlenkombination.
Worauf habe ich mich hier eigentlich eingelassen, mir wird langsam bewusst, es war reine Selbstüberschätzung. Es gibt kein Zurück für mich, Veronika, jetzt überlege einmal logisch, wie nehme ich Kontakt zu Silberfuchs auf?
Wie blieb er mir in Erinnerung?
Ich bringe es auf den Punkt, Angriffsfront Intimleben, in meinen Augen ist er ein von Testosteron gesteuerter Narziss, nur auf dieser Ebene kann ich ihn erreichen und manipulieren, um an die begehrten Wirtschaftsgeheimnisse zu gelangen. Diese Erkenntnis offenbart mir die Lösung.
Spontan werde ich ihn aufsuchen und die weitere Vorgehensweise operativ entscheiden.
Bereits am nächsten Tag suchte ich ein exquisites Dessous-Geschäft auf, kaufte ein sündhaft teures französisches Spitzenensemble und besichtigte anschließend die schöne Rheinmetropole. Nach einem ausgiebigen Stadtbummel machte ich es mir in meinem Hotelzimmer mit einem Glas Champagner und frischen Erdbeeren gemütlich und bereitete mich auf das Telefonat mit Silberfuchs vor.
Ich war bemüht, ihn telefonisch im Institut zu erreichen, was sich anfangs als ziemlich schwierig erwies. Als ich ihn dann endlich persönlich am Apparat hatte, fehlten mir vor Aufregung die Worte:
"Hallo, mein Nerz, wie geht es Dir?"
"Veronika, das glaube ich jetzt nicht, bist Du es

wirklich?"
"Ja, mein Lieber und ich bin ganz in Deiner Nähe."
"Wo bist Du, mein Engel?"
"Hier in Köln, im Dom-Hotel, aber nur für kurze Zeit und ich bin sehr glücklich, Dich erreicht zu haben, dass Du Dich noch an mich erinnerst, ist schön."
"Aber Veronika, an Dich werde ich mich noch in zehn Jahren erinnern, Du warst so wild und wunderbar, unsere Zeit in Leipzig habe ich nicht vergessen!"
"Ja, das waren wir, daran erinnere ich mich genau, ich spüre Dich noch immer und ich möchte es auch immer wieder."
"Dann komme ich später zu Dir ins Hotel."
"Nein, hier lieber nicht, falls mein Mann früher anreisen sollte, das kann man bei ihm nie vorhersehen.
Mein Lieber, ich habe mir etwas ganz Verrücktes für uns ausgedacht, Du wirst vor Verlangen dem Wahnsinn sehr nah sein. Bitte frage mich jetzt nicht, warum ich gerade diesen Ort dafür ausgewählt habe, aber ich möchte Dich heute Abend in Deinem Institut besuchen. Könntest Du es organisieren, dass wir ganz ungestört wären?"
"Veronika, ich kann es gar nicht erwarten, was hast Du nur vor? Unser Haus ist abends unbesetzt und durch Alarmanlagen gesichert, Du kannst ganz sicher sein, wir sind ungestört.
Bitte, gestatte mir die Frage, warum im Institut?"
"Du liebst doch das Extreme, lass Dich überraschen mein Lieber, stell nicht so viele Fragen und bitte, sorge für Champagner, frische Erdbeeren und Bitterschokolade."
"Veronika, mein Engel wir besitzen hier keine Badewanne, die Du mit Kerzen verzieren könntest, soll ich nicht doch lieber ins Dom-Hotel kommen, ich buche uns eine Suite für die Nacht?"
"Nein mein Nerz, es soll einmalig für uns sein, der Reiz,

in Deinem Institut etwas ganz Verbotenes zu tun und jederzeit dabei erwischt zu werden, gibt den besonderen Kick, vertrau mir bitte. Eine Badewanne benötigen wir auch nicht, wenn Du es willst, werde ich Dich sauberlecken, wie eine Katze!"
"Herrschaftszeiten, Veronika, Du bist keine Frau, Du bist ein Vamp!"
"Na dann, bis heute Abend im Institut, mein Lieber, und sorge bitte dafür, dass ich in meinem Aufzug nicht gesehen werde, in Gedanken küsse ich schon jetzt, Deinen ganzen Körper."
"Darauf kannst Du Dich verlassen, ich werde Dich in der Empfangshalle erwarten und morgen werde ich Dir ganz Köln zu Füßen legen. Ich freue mich auf Dich."
Bravo, das hätte ich erst einmal geschafft, wenn das heute Abend im Institut alles gut geht, könnte ich schon übermorgen nach Berlin zurückfahren. Ich werde mein Bestes geben, mit Silberfuchs habe ich auch viel Spaß, er ist ein zärtlicher Mann.
Das einzige Problem ist und bleibt der Tresor. Aber Erotik öffnet ja bekanntlich jeden Tresor.
Ich bin nun mal eine Frau die auch beim Sex mit dem Kopf und nicht nur mit dem Becken denkt.
Silberfuchs ist ein Mann und Großindustrieller, er wird sich von seinem Trieb treiben lassen, eine perfekte Konstellation. Er ist davon überzeugt, dass die Spielregeln in der Berufswelt ausschließlich von Männern gemacht wurden. Das mag vielleicht in der kapitalistischen Gesellschaftsordnung rechtens sein, aber eine ostdeutsche Agentin kennt sie, um erfolgreich mitspielen und weibliche Strategien entgegensetzen zu können.
Meine Erfolgsstrategien sind praxisnah und auf allen beruflichen Spielfeldern einsetzbar.
Für meinen Auftrag schaffe ich eigene Mythen.
"Silberfuchs" ist umgeben von den üblichen, an Männer

orientierten Belohnungen -
Geld, Macht und Prestige.
Ich aber werde so verführerisch sein, dass er sich nach dieser Nacht für einen Giganten hält.
Dann war es soweit, nach einer Ganzkörpermassage und einem anschließendem Bad in Rosenöl, bereitete ich mich auf das Rendezvous mit Silberfuchs vor.
Mit einem Taxi fuhr ich zum Institut, das sich außerhalb des Kölner Stadtzentrums befand.
Eine Industriegegend die in völliger Dunkelheit lag. Meine elegante Garderobe veranlasste den Taxifahrer dazu, mehrfach nachzufragen, ob wir uns auch auf dem richtigen Weg befänden.
Am Zielort angekommen, leuchtete uns die durch Lampen durchflutete Lobby den richtigen Weg. Silberfuchs erwartete mich schon. Als wir vorfuhren, stürmte er uns entgegen und zahlte gleich das Taxi. Der Fahrer schmunzelte verschmitzt und wünschte uns noch einen schönen Abend.
"Silberfuchs" umarmte mich so heftig, dass ich nach Luft rang:
"Veronika, Du siehst hinreißend aus. Komm bitte, Du musst mir unbedingt erzählen, wie es Dir inzwischen ergangen ist."
"Jetzt küss mich doch erst einmal mein Lieber, ich begehre Dich so sehr."
Während der Umarmung spürte ich seine Erektion und dabei habe ich noch nicht einmal mit meinem Spiel begonnen. Vielleicht ist es doch einfacher, an die Unterlagen zu gelangen, als ich dachte.
Aber wo befindet sich der Tresor?
Nur dort kann ich ihn verführen, ich muss ihn bei der Aktion immer im Auge behalten.
Wir gingen zum Aufzug um in die oberste Etage zu fahren. Die Flure sind mit dunkelblauen Teppichen ausgelegt, die hervorragend mit den Intarsien der

Holztüren harmonierten.
Wandlampen aus Muranoglas ließen die Etage in einem warmen Licht erstrahlen.
Als wir endlich sein Büro betraten, erblickte ich sofort den Tresor.
Ein dunkelgrüner "Sommermayer" mit offenem Regelwerk und Schlüsselfunktion.
Mir blieb fast das Herz stehen, welch ein Glück, der Tresor ist ein Spalt weit geöffnet, Silberfuchs hat sicher noch gearbeitet. Ich muss ihn ablenken, mein Gott ist das aufregend.
Im Nebenzimmer steht eine große Lederliege, genau das richtige Ambiente um ihn zu verführen.
"Hallo mein Liebster, schau mich einmal an!"
Ich öffnete meinen Pelzmantel, darunter trug ich die schwarze Korsage, komplettiert mit hauchzarten Seidenstrümpfen.
"Veronika, Du bist eine so schöne Frau."
Ich küsste ihn und zog ihn dabei gleichzeitig auf die Liege. Dann begann ich damit ihn langsam auszuziehen, zuerst die Krawatte, dabei räkelte ich mich so lasziv an seinem Körper, dass ich beim Oberhemd schon eine Pause einlegen musste, Silberfuchs war sehr erregt.
Gedanklich ist es schwer zu ertragen, dass es sich hier nur um eine Inszenierung im Interesse der Stasi handelt, eine Lüge und ein Irrtum, meine Fähigkeit, mit der ich mich in seine Seele einschreibe.
"Veronika, wann kommt Dein Mann nach Köln und was macht er hier eigentlich?
Wie lange kannst Du bleiben?"
"Dies ist eine lange Geschichte, aber um sie kurz zu machen, ich möchte Dich jetzt verführen und ganz bei Dir sein, lass uns später darüber sprechen.
Wo ist der Champagner mein Schatz?"
"Es steht alles im Nebenzimmer bereit, frische Erdbeeren, Kaviarbaguette für den kleinen Hunger, Du

solltest Dich vorher noch stärken meine Liebe, denn ich bin heute auf ein sechs Gänge Menü eingestellt."
Aufreizend tänzelte ich in meinem schwarzen Spitzenensemble vor ihm herum und drapierte die Erdbeeren auf meinem Körper, dabei ließ ich den Tresor keine Sekunde aus den Augen.
Silberfuchs begann damit, die Erdbeeren langsam zu vernaschen.
Die Lust hatte jetzt endgültig über seinen Verstand gesiegt. Zwischenzeitlich versorgte ich ihn mit Champagner, den ich tröpfchenweise aus meinem Mund in seinen spritzte.
Als der bei ihm bereits Wirkung zeigte, begann ich damit, ihn mit einer Tantra - Massage zu verwöhnen, dies erregte ihn so stark, dass er nun völlig abhob und seine Gefühle durch Schreien ausdrückte.
Schnell ergriff ich die Gelegenheit und stellte die Zeit auf meiner Armbanduhr eine Stunde vor. Dann hielt ich sie ihm unter die Nase:
"Liebster, schau einmal, es ist gerade 23.00 Uhr, wir haben noch so viel Zeit, das ist schön."
Ich sah nun den Augenblick gekommen, Silberfuchs mit meinen "Wundertropfen" für einige Zeit außer Gefecht zu setzen. Dies bereitete mir auch keinerlei Probleme, da er bei jeglicher Berührung meinerseits sofort seinen Mund öffnete. Eine präparierte Praline und eine Erdbeere führten dann auch schnell zum erwünschten Erfolg.
"Silberfuchs" lag nun nackt auf der Ledercouch und schlief wie ein Baby.
Was ich sofort zum Anlass nahm, ihn in dieser Pose zu fotografieren und als Beweismittel für meine Auftraggeber festzuhalten.
Dann eilte ich zum Tresor, ein Bild für Götter, eine Frau in Spitzendessous, die sich an einem Tresor zu schaffen macht und gleich nebenan, ein nackter Mann, schlafend

auf der Couch.
Bei allem Humor, es waren die schlimmsten Minuten meines Lebens, ich bin keine Ärztin und wusste nicht wie lange die Wirkung des Medikamentes anhält.
Ich musste den gesamten Inhalt des Tresors fotografieren, Verträge, Pläne, Zeichnungen, Schriftverkehr und persönliche Unterlagen, es war alles vertreten und kam mir wie eine Ewigkeit vor, aber Silberfuchs schlief tief und rührte sich nicht.
Meine einzige Sorge bestand darin, dass er hoffentlich wieder aufwacht und was wenn nicht?
Drei Mikrofilme voller Bilder geschossen und er rührte sich nicht. Ich brachte die Filme zur Herrentoilette und deponierte sie mit Klebeband hinter einem großem Abflussrohr. Dort werden sie dann von einem Agenten, getarnt als Geschäftskunde, abgeholt.
Auch auf die Gefahr hin, dass "Silberfuchs" eventuell einen Verdacht schöpfen würde, er wird bei mir nichts finden.
Zurück im Büro legte ich erst einmal eine Schallplatte auf und kochte Kaffee, den ich im Sekretariat entdeckte.
Meine Hände zitterten, ich überprüfte noch einmal den Tresor, es befand sich alles an seinem Platz, die Tür ließ ich auch einen Spalt weit geöffnet.
Gerade als ich mich einen Augenblick setzen wollte, da ist mein Silberfuchs wieder zum Leben erwacht:
"Veronika, mein Schatz, ich bin kurz eingenickt, entschuldige bitte, aber Du hast mich heute fast totgeliebt."
"Liebling, Du warst wunderbar, so wild habe ich Dich noch nie erlebt. Du bist nur kurz eingeschlafen, es ist jetzt 23.15 Uhr und ich habe uns inzwischen einen starken Kaffee gekocht, den habe ich im Büro gesucht und gefunden."
"Sehr schön, der wird mir bestimmt gut tun, ich habe ein wenig Kopfweh, das liegt bestimmt an der

Föneinwirkung."
"Das wundert mich nicht, Du konntest nicht genug von mir bekommen. Ich glaube, ich muss künftig öfter nach Köln reisen."
"Dann buche ich für uns aber ein Hotel, da ist es wesentlich bequemer als in meinem Büro, obwohl Du natürlich Recht hattest Veronika, es im Institut zu treiben, hat schon seinen besonderen Reiz."
"Mein Liebster, würdest Du mich nach dem Kaffee zum Hotel begleiten. Ich würde gern mit Dir zusammen die morgige Nacht dort verbringen."
"Selbstverständlich, Veronika, ich buche für uns gleich die Suite. Tagsüber zeige ich Dir wie versprochen Köln, dann bleibt uns noch viel Zeit für die Liebe."
Dann begab ich mich für einen Augenblick auf die Damentoilette, somit erhielt er eine Chance meine Taschen zu durchsuchen, wenn er es für notwendig erachtete.
Ich konnte es noch nicht fassen, meinen Auftrag hatte ich erfüllt, schnell, perfekt ohne Zwischenfälle und sicher zur vollsten Zufriedenheit der Staatssicherheit!
Was werden die wohl sagen, allein für diese Aktion hatten sie mehrere Wochen eingeplant und ich benötigte nur zwei Tage. Dass ich einen geöffneten Tresor vorfand, werde ich keinesfalls erwähnen, das bleibt mein Geheimnis.
Im Hotel angekommen, ließ ich Gerhard sofort eine Information über den Verbleib der Filme zukommen, die werden nun durch einen Kölner Agenten übernommen.
Wie wird wohl mein nächster Auftrag aussehen, doch jetzt begebe ich mich erst einmal ins Hotel um auszuschlafen. Mit Silberfuchs werde ich den morgigen Tag und auch die Nacht verbringen, er darf keinesfalls Verdacht schöpfen, zusätzlich werde ich imaginär meinen Ehemann ins Spiel bringen und kann ganz

beruhigt Köln verlassen.

Am nächsten Tag, nach einem ausgiebigen Frühstück, bereitete ich mich auf die Stadtbesichtigung mit Silberfuchs vor, die er mit seinem Chauffeur durchführte.

Als er mich gegen Nachmittag im Hotel absetzte, genehmigte ich mir erst einmal ein Glas Champagner und ließ bei einem entspannenden Bad, noch einmal den Tag Revue passieren, bis mich ein Anruf aus meinen Gedanken riss:

"Hier ist Berlin, Vroni, bist Du allein, kannst Du sprechen?"

"Gerhard, mein Liebster, wie geht es Euch in Berlin?"

"Sehr gut, Danke. Veronika, mein Schatz, ein ganz, ganz großes Kompliment, ich bin so stolz auf Dich, wir haben die Aufnahmen bereits erhalten und begutachtet, das Ministerium ist begeistert von seiner Agentin, Vroni, Du hast mit Deiner Aktion Prioritäten gesetzt. Du wirst in Berlin gefeiert werden, in zwei Tagen alles kopiert, das ist Wahnsinn und als krönendes Sahnehäubchen ein Großindustrieller, nackt auf der Lederliege, dieses Foto hat vielleicht für Aufsehen gesorgt! Du darfst gespannt sein, welche Belohnung Dich dafür in Berlin erwartet.

Vroni, ich liebe Dich!"

„Gerhard nun genug der Komplimente, ich werde ja ganz verlegen, aber ich fühle mich so gut und ich bin glücklich, doch lass uns doch bitte alles weitere in Berlin besprechen, ich erwarte jeden Moment "Silberfuchs" und werde mit ihm noch eine Nacht verbringen, somit vermeide ich Misstrauen. Morgen beabsichtige ich, nach Berlin zurückzukehren, meine Mission hier ist erfüllt."

"Vroni, ich werde das Gefühl nicht los, Du hast Gefallen an diesem Typen gefunden, er sieht ja auch sehr gut aus, aber warum noch eine Nacht mit ihm?"

"Was für eine Frage und dann noch von Dir?
Ich habe guten Sex mir ihm und ich werde dafür sehr gut bezahlt, das kennst Du doch mein Lieber?
Bis bald in Berlin, ich küsse Dich!"
Obwohl ich schon vor einiger Zeit den Telefonhörer auflegte, verweilten meine Gedanken noch immer bei Gerhard in Berlin. Er ist der Mann, dem ich hoffnungslos verfallen bin und der dies auch für die Durchsetzung seiner Interessen ausnutzte, aber ich kann nichts dagegen tun. Trotzdem konnte ich mich mit Silberfuchs amüsieren, mich mit ihm im Bett wälzen, nackt und keuchend.
Er wird jeden Augenblick wiederkommen, mein ganzer Körper sehnt sich nach ihm und wir werden es wieder tun, immer wieder.
Das ist doch nicht normal, ich bin krank, ich muss krank sein, ich fühle es!
Viele Spezialisten habe ich diesbezüglich schon aufgesucht, die mich mit eindeutig negativen Befunden trösten wollten. Sie schickten mich zu einem Psychoanalytiker, ihm gelang es, mich von meiner Zwangsvorstellung zu befreien, krank zu sein.
Von meinen anderen Zwangsvorstellungen, z.B. Gerhard für immer an mich zu binden, befreite er mich nicht.
Ich begann wild, sinn- und planlos zu flirten, hatte eine endlose Zahl von Amouren und Verhältnissen, die für mich alle gleichermaßen unbefriedigend verliefen, wofür ich aber stets dem Partner die Schuld gab.
Doch was ich auch anstellte, ich konnte Gerhard nicht aus meinem Leben verdrängen.
Silberfuchs, ein Industrieller, skrupellos und mutig, ihm begegnete ich anfangs mit Sprödigkeit und Kühle. Mein Desinteressement machte ihn verrückt. Dies war der eigentliche Grund dafür, dass er sich rasant in mich verliebte und in meinen Armen weich wie Butter wurde.

Auf dem Rhein schrie eine Schiffssirene und holte mich abrupt aus meinen Gedanken.
Ein Gewitter verzog sich, nur der Regen strömte noch mit unverminderter Heftigkeit herab.
Eigentlich führte ich ein schönes, abwechslungsreiches und turbulentes Leben, dabei musste ich niemals auf das Geld achten und durfte es im Sinne der Staatssicherheit auch verschwenderisch ausgeben.
Wenn mich einmal die moralische Heulerei überkommt und ich mit einem schlechten Gewissen dabei an meine Familie denke, schlucke ich schnell eine meiner Stasi-Glückspillen, sie geben mir ein wunderbares Lebensgefühl und lassen die Welt viel bunter erscheinen.
Meine Mädchen weiß ich gut versorgt, sie besuchen in Berlin auserwählte Schulen und werden während meiner Abwesenheit vom professionellen Personal versorgt. Auch ihre Großmutter umsorgt sie liebevoll und Wilfried nimmt seine Vaterrolle sehr ernst, sofern er nüchtern ist. An gesetzlichen Feiertagen und Familienfesten besinne ich mich ganz auf meine Hausfrau- und Mutterpflichten und bemühe mich fürsorglich jeder Situation gerecht zu werden.
So ist nun einmal das Leben, ich darf niemals die Hoffnung verlieren. Wenn man die Hoffnung verliert, ist alles verloren. Aber solange man hofft, geschehen manchmal noch Wunder und noch finde ich das Leben sehr interessant.
Keinesfalls möchte ich meinen Alltag so verbringen, wie viele Frauen und Mütter in meinem Umfeld. Die tagsüber ihre Kinder betreuen, den Haushalt versorgen und abends vor dem Fernseher Strümpfe stopfen oder Wäsche bügeln. Am Samstagabend wird dann mit Vati auf der Couch vor dem Fernseher, eine Flasche Wein getrunken um anschließend im Bett, meist in der Missionarsstellung, das Wochenende eingeleitet.

Solch ein Leben zu führen, wäre wirklich eine Strafe für mich, darüber würde ich alt und krank werden. Allein dieser Gedanke lässt mich frieren, zum Glück meldete sich in diesem Augenblick telefonisch eine Dame der Rezeption und kündigte "Silberfuchs" an.
Nur wenige Minuten später begab ich mich hübsch aufgerüscht zu ihm in die Hotelhalle, um gemeinsam im Restaurant zu Abend zu essen.
"Vroni, Du siehst wie immer hinreißend aus."
"Vielen Dank für das Kompliment und diese wunderbaren Rosen, Danke."
Nach dem Essen saßen wir noch einige Zeit im Restaurant und kommunizierten über viele Themen. "Silberfuchs" ist schon ein Mann, der für mich interessant werden könnte, ein Leben an seiner Seite, stelle ich mir sehr abwechslungsreich vor, man weiß ja nie, welche Überraschung das Leben noch so bereithält.
Irgendwie ist es mein geheimer Wunsch, diesem Berliner Milieu einmal entfliehen zu können, die Mädels werden größer und gehen ihren eigenen Weg und Wilfried ist nicht der Mann, mit dem ich alt werden möchte und Gerhard, er bleibt für mich unerreichbar.
Warum also nicht einen Neuanfang im Westen?
"Veronika, woran denkst Du eigentlich die ganze Zeit, Du schaust so traurig?"
"Ich möchte mit Dir allein sein, lass uns bitte nach oben fahren."
"Na dann komm bitte, Liebes, ich werde ganz zärtlich zu Dir sein, bis Du wieder lächelst."
Wir liebten uns die ganze Nacht und ich muss ehrlich eingestehen, er stand mir sehr nah.
Ich erklärte "Silberfuchs", dass am nächsten Tag mein Mann anreisen würde und ich mit ihm wieder nach Berlin zurückfahren muss, dann versprach ich ihm, so bald als möglich, wieder nach Köln zu kommen. Er ahnte nicht, dass es für immer unsere letzte gemeinsame

Nacht war und wir uns nie mehr begegnen werden.
Meine wahre Identität hat er nie erfahren.
Der Auftrag mit Silberfuchs ging mir ziemlich an die Nieren, ich bin eine sehr leidenschaftliche und sinnliche Frau und für solche Aktionen eigentlich nicht geeignet, andererseits ist das vielleicht auch der Schlüssel zum Erfolg.
Gefühle kann man nicht vorspielen, man muss sie ausleben, Männer spüren das genau.
Wehmütig verließ ich am nächsten Tag mit der Bahn Köln.
In Berlin angekommen, hatte ich das Gefühl, im falschen Leben gelandet zu sein.
Gerhard erwartete mich schon auf dem Bahnsteig:
"Veronika, Du siehst müde aus, trotzdem müssen wir gleich ins Ministerium fahren, man erwartet Dich dort."
"Warum so schnell, habe ich einen Fehler gemacht?"
"Nein keinesfalls, sie wollen Dir danken."
Wir fuhren zum Ministerium für Staatssicherheit und wurden dort in ein sehr elegant eingerichtetes Büro geleitet, wo ich von zwei Herren freundlich begrüßt wurde:
"So charmant schaut also die Dame aus, die uns so professionelle Fotos geliefert hat."
Sie überreichten mir eine Urkunde und bedankten sich in aller Form für die geleistete Arbeit in Köln:
"Veronika, Ihr nächster Auftrag wird noch größer und vielseitiger sein und wir sind davon überzeugt, Sie werden ihn meistern!"
"Aber meine Herren, lassen Sie mich doch bitte erst einmal ankommen, ich habe auch noch eine Familie."
"Sie sind nicht unbedingt ein Familientyp und Sie wären nicht so erfolgreich in Leipzig und Köln, wenn Ihnen die Arbeit nicht so viel Spaß bereiten würde."
"Damit könnten Sie recht haben, meine Herren, darf ich den Umschlag öffnen, oder ist er geheim?"

"Öffnen Sie, das ist unser Dankeschön für Ihren außergewöhnlichen Erfolg."
Ich öffnete den Umschlag und musste mich gleich setzen, dabei las ich den Text und hoffte, dass ich mich nicht in einem Traum befinde.
Ich war nun stolze Besitzerin eines Wassergrundstückes in Wandlitz mit einem komplett eingerichteten Bungalow darauf.
So kann es gehen, das schreibt das Leben und es fing an mir zu gefallen.
Für zwei wilde Nächte, einschließlich geheimer Fotokopien, ein Luxuswassergrundstück als Gegenleistung und der nächste Auftrag wartet schon.
Der Preis hierfür, ein alkoholkranker Ehemann, zwei Kinder, die ihre Mutter kaum sehen, aber alle führten wir einen Lebensstil, den die normale Bevölkerung durch harte Arbeit niemals erreichen würde.
Bevor ich mich mit meinem neuen Auftrag vertraut machte, spendierte mir die Stasi eine Reise auf die Krim, bei der Gerhard mich begleiten durfte.

Kapitel 15
Verführung bis zum Nordkap

Die vielen Auseinandersetzungen mit Gerhard hatten mich sehr mitgenommen. Hinzu kamen Wilfrieds Alkoholexzesse und mein schlechtes Gewissen, viel zu wenig Zeit mit meinen Töchtern zu verbringen.
Regina stand im Abitur, zeigte aber ganz andere Interessen und besuchte lieber mit ihren Freundinnen die Disco.
Meine Gerda mutierte zur pubertären Zicke, beide bereiteten mir Kopfschmerzen und ein schlechtes Gewissen.
Eine Zeitlang bemühte ich mich wirklich, ein normales Familienleben zu führen, nahm dafür sogar eine Auszeit, für die mir Gerhard psychosomatische Störungen attestierte, aber nur in einer Hausfrauen- und Mutterrolle konnte ich nicht existieren, das nahm mir die Luft zum Atmen, ich bekam Panikattacken.
Dies belastete mich viel mehr, als ich mir eingestehen wollte. Die heftigen Auseinandersetzungen mit Gerhard, der dabei noch handgreiflich wurde und es war nicht die erste Auseinandersetzung dieser Art gewesen.
Aber es sollte die letzte sein! Ja, ich wusste, es wird die letzte sein!
Das war alles zu anstrengend.
Ich wollte wieder für die Stasi arbeiten. Deshalb musste ich weg, vielleicht sogar in eine andere Stadt. Ich kleidete mich fortan wieder elegant, schluckte weiter meine Glückspillen und beschloss, ein neues, in meinem Sinne aufregendes Leben zu führen. Mit einem Glas Champagner machte ich es mir gerade auf der Recamiere gemütlich. Als wenig später das Telefon klingelte, musste ich mich aus meinem Schlaf wühlen

wie ein Maulwurf.
Die Stimme war mir sehr vertraut, ein Oberstleutnant des MfS bat mich in sein Büro, um mit mir einen neuen Auftrag zu besprechen. Nur schwerlich konnte ich meine Begeisterung zurückhalten, das schien die Lösung meiner Probleme zu sein, eine erneute Zusammenarbeit mit der Stasi, genau zum richtigen Zeitpunkt. Tags darauf saß ich schon in seinem Büro. Als er mir die Aufgabe erläuterte, hatte ich sofort das Gefühl, vor der größten Herausforderung meiner beruflichen Tätigkeit zu stehen.
Mein Operationsgebiet ist das Kreuzfahrtschiff MS – EUROAPA.
Ein Schiff, das dem neuesten Stand der Technik entsprach. Ohne die Einzelheiten meines Auftrages zu kennen, begab ich mich dann im Sommer 66 mit dem Luxusliner auf eine Kreuzfahrt zum Nordkap, ein steil aus dem Eismeer emporragendes Schieferplateau auf der norwegischen Insel Mageroya.
Ausgestattet mit einer Legende als westdeutsche, vermögende Bankiers-Gattin mit Wohnsitz in Berlin-Dahlem, mischte ich mich unter die 300 Passagiere der ersten Klasse.
Die EUROPA hatte neun Decks vom Kiel bis zur Spitze und bei 800 Passagieren sorgten 400 Besatzungsmitglieder für den berühmten Lloyd-Service.
Faszinierend war die „Taverne" als Mehrzweckbau, tagsüber eine überdachte Sportstätte, die abends in ein stilvolles Weinlokal verwandelt werden konnte.
Als ich meine Luxuskabine betrat, stand auf dem Rauchtisch neben Champagner und Obstkorb, eine Karte mit dem Aufdruck des obligatorischen Tagesprogramms:
- Frühstück (Zeit unbegrenzt) wird im Speisesaal auf dem Deck A serviert.

- Vormittags musikalischer Frühschoppen Theatersaal Deck B.
- Vormittags Tanzunterricht im Veranstaltungssaal.
- Mittags Dinner im Seerestaurant.
- Nachmittags Kaffeespezialitäten mit Mozartklängen im Königssalon.
- Abendessen bei Kerzenschein mit Kapitänsempfang.
- Willkommensball in der SKY-Bar, bei geöffnetem Deckenhimmel.

Zusätzlich ließen Kulturveranstaltungen, Lesungen und sportliche Aktivitäten, wie Tennis und Tauchen, keine lange Weile aufkommen.

Ich hatte mich in meiner Kabine eingerichtet und als das Schiff in Bremerhaven ablegte, erwartete ich einen Agenten, der mich in meinen Auftrag einweiht, das war die Bedingung der Stasi, erst auf dem Schiff werden mir alle Informationen zum Auftrag bekannt gegeben.

Sie wollten unter allen Umständen verhindern, dass vorab Informationen fehlgeleitet werden könnten.

Meines Erachtens vertrauten sie Gerhard nicht mehr, denn bei unserem Gespräch betonte der Oberstleutnant ausdrücklich, dass ich ohne Gerhard den Auftrag ausführen müsse.

Er hatte zu viele Frauengeschichten, die ihm auch manch außerplanmäßigen Ärger einbrachten, weil sie sich in ihn verliebten oder umgekehrt, was häufig vorkam.

Er spielte seine Rolle zu gut und ich weiß wovon ich spreche, deshalb bin ich glücklich darüber, dass er sich nicht auf dem Schiff befindet.

Denn auch die Staatssicherheit hat schon lange erkannt, dass ich ebenso hart auf Gewinn spiele wie er.

Ich bin eine Frau die selbst entscheidet wie ich meine Welt strukturiere und überlasse die Entscheidung keinem anderen, dies gibt mir ein Gefühl von Freiheit und Unabhängigkeit.

Am Nachmittag inspizierte ich das Schiff, legte mich anschließend auf eine Rattan-Liege und beobachtete das Schauspiel der Atlantikwellen. Das Meer wurde zunehmend unruhiger, doch die Stabilisatoren des Schiffes gaben ihr Bestes, um die tobende See auszugleichen.

Ungeduldig erwartete ich meinen Agenten, wollte endlich nähere Informationen über den Auftrag erfahren, als mich eine charmante Stimme aus meinen Gedanken holte:

"Bitte entschuldigen Sie, dass ich erst jetzt zu Ihnen komme, darf ich Sie um einen Gefallen bitten?"

"Sicher. Wenn ich es kann."

"Würden Sie mich heute Abend zum Willkommensball begleiten?"

"Vielleicht könnten wir uns vorher erst einmal miteinander bekannt machen?"

"Verzeihung, Stephan Berger aus Berlin, ich bin Ihr Agent und Sie sind sicher Veronika Winter aus Dahlem. Sie sind ja noch bezaubernder, als beschrieben, in Ihrem Gesicht steht offen das Leben."

"Vielen Dank, aber Sie sind doch nicht nur gekommen, um mir Komplimente zu machen?"

"Veronika, ich hole Sie gegen 20.00 Uhr aus Ihrer Kabine ab, dann werden wir gemeinsam den Ballsaal betreten und dort werde ich Sie erstmals mit Ihrer Zielperson, einem westdeutschem Neurochirurgen, bekannt machen.

Wir werden gemeinsam an einem Tisch sitzen und uns als zwei füreinander sich interessierende Menschen ausgeben, die sich erstmalig auf dem Schiff begegnet sind und ein wenig Abwechslung verschaffen möchten.

Sie, Veronika, geben eine allein reisende, reiche Bankiers-Gattin vor, währenddessen ihr Ehegatte in Frankfurt seinen gesellschaftlichen Verpflichtungen nachkommen muss.

Offiziell beginnen wir eine heiße Affäre, darauf steht der Herr Doktor, zumal ihn auf dieser Reise seine Ehefrau begleitet und er sich keine Eskapaden erlauben darf.
Selbstverständlich verläuft zwischen uns, bei getrennten Kabinen, alles korrekt ab und sollte ein Notfall eintreten, oder wir den Plan ändern müssen, wissen Sie mich immer in Ihrer Nähe.
Dieser Auftrag ist so brisant, dass es für Sie im Alleingang gefährlich werden könnte.
Können Sie mir überhaupt noch folgen, Veronika?"
"Aber ja, dieser Auftrag fängt an mir zu gefallen, lautet so etwa die Aufgabenstellung, öffentlich eine Affäre zwischen uns vorzuspielen, das verstehe ich nicht ganz, warum dann solch eine Geheimhaltungsstufe?"
"Oh ja, das könnte ich mir sehr gut vorstellen, aber Spaß bei Seite, ab sofort bin ich nur noch Stephan für Dich, eine Affäre per Sie, wird man uns nicht abnehmen."
Er küsste mich so leidenschaftlich, dass ich mich ganz schön beherrschen musste, ihn auch wieder loszulassen.
Mein Gott, das fängt ja gut an, nun begreife ich langsam, warum Gerhard zu Hause bleiben musste:
"Aber Stephan, übertreibst Du es jetzt nicht mit Deinen Küssen, oder habe ich etwas verpasst?"
"Nein keinesfalls, Du bist eine so charmante Frau, da fällt die Beherrschung sehr schwer."
"Gut, ich verzeihe Dir noch einmal und sehe es als Vorübung für den heutigen Abend an."
"Veronika, Dir hat es doch auch gefallen, Du kannst mir nichts vormachen, aber nun zu Deinem Auftrag, meine Liebe, und der hat es in sich, Berlin erwartet von Dir diesbezüglich stolze Erfolge.
Höre mir bitte genau zu und unterbrich mich nicht während meiner Ausführungen.
Heute Abend wirst Du den Neurochirurgen Dr. B. kennen lernen.

Er wird mit seiner Gattin während der Kreuzfahrt an unserem Tisch platziert werden. Dies wurde schon von Berlin aus organisiert. Somit bekommst Du die Chance, mit ihm in Kontakt zu treten, denn Du verkörperst genau den Typ Frau, die ihm ein Widerstehen fast unmöglich macht. Das wird natürlich auch seine Gattin gleich erkennen und - wie wir bereits in Erfahrung bringen konnten - gehört Eifersucht zu ihren bevorzugten Charaktereigenschaften.
Sie hört auf den Namen Eva, ist treusorgende Mutter zweier Kinder, bewohnt ein großes Haus in Berlin-Wannsee und entstammt einem sehr vermögenden Elternhaus.
Ganz im Gegensatz zu unserem Herrn Doktor, der in Spielcasinos schon ein größeres Vermögen verspielt hat. Er ist schwer spielsüchtig und hat sich schon beim Betreten des Schiffes nach einem Spielsalon erkundigt.
Seine Frau ist stetig bemüht seine Schulden zu begleichen, noch scheint es ihr auch zu gelingen, aber er ist bereits so hoch verschuldet, dass ihm einige Spielcasinos schon den Zutritt verwehren. Händeringend sucht er neue Geldgeber, dies macht ihn auch für uns erpressbar, hier werden wir ansetzen.
Du, Veronika, bist eine Bankiers-Gattin, eine attraktive Frau, mit viel Geld und lebst in der gleichen Stadt wie er.
Dein Auftrag besteht darin, ihn davon zu überzeugen, als Chirurg für eine geheime Stasi-Haftklinik in Hohenschönhausen zu arbeiten, dort soll er dreimal wöchentlich operieren.
Wenn er sich auf den Handel mit uns einlässt, tilgt die Stasi im Gegenzug seine gesamten Spielschulden und er erhält somit die Chance, sich von seiner Frau zu trennen um seine langjährige Geliebte zu ehelichen."
"Das habe ich verstanden, Stephan, aber warum gerade er, wir haben doch auch gute Ärzte?"

"Das siehst Du richtig, aber uns fehlen Neurochirurgen und er ist eine Kapazität auf seinem Gebiet, denke doch nur einmal an die vielen alten Parteigenossen unserer Regierung."
"Deshalb habt ihr weder Kosten noch Mühen gescheut und mich auf diesen Luxusliner einquartiert, um einen Neurochirurgen anzuwerben?"
"Ganz genau, meine Liebe, und wenn das eine kann, dann Du, Veronika, dies hast Du ja schon mehrfach bewiesen und das Ding hier, wirst Du genau so souverän durchziehen."
"Wie stellt Ihr Euch das vor, seine Frau ist vierundzwanzig Stunden bei ihm, sie sind gemeinsam in einer Kabine und in Berlin erwartet ihn schon seine Geliebte, wo ist da noch Luft für mich?
Ehrlich gesagt, ich stehe vor einem Rätsel."
"Die Hauptabteilung in Berlin ist überzeugt davon, bis zum Nordkap ist der Auftrag schon Geschichte."
"Mein Gott, Stephan, das verschlägt mir jetzt die Sprache, darauf muss ich erst einmal ein großes Glas Champagner trinken und danach sehen wir weiter. Komm, trink mit mir einen Schluck und bitte, würdest Du Dich endlich hinsetzen, ich kann keinen stehen sehen!"
"Veronika, Du bist ganz schön versaut."
"Das gefällt Euch Männern doch, zumindest im Bett, oder warum denkst Du, bin ich darin so erfolgreich? Während wir hier noch einen Augenblick verweilen, erzähle mir bitte etwas über die Haftklinik, ich habe noch nie etwas von ihrer Existenz gehört. Gerhard ist Mediziner und ich kann mich nicht erinnern, dass er sie einmal erwähnt hat."
"Dann werde ich Dich jetzt einweihen. Das geheimste Krankenhaus der DDR, befindet sich auf dem Gelände der zentralen Stasi-Untersuchungshaftanstalt in Berlin Hohenschönhausen.

Ärzte bleiben anonym, kranke Häftlinge werden gegen Geständnisse operiert.
Die Mediziner im Berliner Haftkrankenhaus dienen der Stasi als Verhörgehilfen statt zu heilen. Politische Häftlinge, die gefoltert oder durch Schussverletzung sich einer OP unterziehen müssen, versucht man zu erpressen, ohne Aussage, keine Operation!
Zwar verfügt das Haftkrankenhaus über moderne Geräte, doch kein einziger Raum entspricht den geltenden Arbeits- und Gesundheitsbestimmungen, ganz zu schweigen über die katastrophalen hygienischen Zustände.
Gerade nach dem Mauerbau fehlt es der DDR an qualifizierten Ärzten und somit ist der Rückgriff auf inhaftierte Mediziner keine Ausnahme.
Ein Referatsleiter aus dem Ministerium für Staatssicherheit hat das Krankenhaus 1959 aufgebaut und ist für die medizinische Betreuung in den Stasi-Gefängnissen verantwortlich.
Für ihn steht nicht die Heilung der Patienten im Vordergrund, er setzt andere Prioritäten, die Aufgabe der Stasi-Mediziner besteht darin, politische Gefangene "haft- und prozessfähig" zu machen.
Mehr als 500 Inhaftierte wurden in den vergangenen Jahren dort stationär behandelt.
Häftlinge mit Schussverletzungen, schwerkranke Untersuchungshäftlinge und solche, die an Depressionen litten oder die sich aus Verzweiflung selbst verstümmelten.
Nun wird die Strategie geändert, weg von körperlicher Gewalt zu psychologischer Zermürbung. Man darf künftig den Betroffenen ihr Leid nicht mehr anmerken.
Für Schauprozesse, die auch internationales Interesse erwecken, werden die Häftlinge sogar mit gutem Essen aufgepäppelt. Ihre Gebisse werden saniert und Höhensonnenbestrahlung sorgt zusätzlich für einen

gesunden Teint.
Oberster Dienstherr bleibt die Staatssicherheit, denn die medizinische Tätigkeit dient in erster Linie dem Bedürfnis der Ermittler und keinesfalls dem Kranken. Auch in diesem Krankenhaus sollte der ethische Grundsatz der ärztlichen Schweigepflicht gelten, doch die Namen und die Qualifikation der behandelnden Mediziner werden grundsätzlich geheim gehalten und somit hätte bei Verstößen unser Doktor B. auch nichts zu befürchten.
Veronika, eines solltest Du über die Klinik noch wissen, in diesem Zusammenhang bitte ich Dich inständig, behalte es für Dich!
Der "Genosse Chefarzt" trägt während seines Dienstes, eine geladene Pistole in der Hosentasche.
Sein unbeherrschtes Verhalten gegenüber Untergebenen und Häftlingen dominiert, jüngere Frauen bezeichnet er umgangssprachlich als nutzlose Schlampen, reife Frauen, tituliert er als alte Fotzen, nicht ahnend dass seine Äußerungen von Spitzeln aufgezeichnet wurden.
Protokollarisch werden zahlreiche Hinweise auf Gewalt gegenüber Gefangenen ausgewiesen.
Wir haben ihn eindringlich zur Zurückhaltung aufgefordert, doch er ignoriert es und wendet weiter bei den Häftlingen seine sadistischen Methoden an.
Wenn Inhaftierte aus Protest die Nahrungsaufnahme verweigern, lässt er ihnen große Mengen Kochsalz ins Waschwasser schütten, somit können sie es nicht mehr trinken und spätestens nach zwei Tagen ist der Spuk vorbei.
An den Chefarzt Doktor D., gleichzeitig Referatsleiter beim MfS und für den Bau der Haftklinik 1959 verantwortlich, kommen wir nicht weiter heran, uns sind die Hände gebunden, seine Verbindungen reichen bis in höchste Regierungskreise.
Unsere Zielperson, der Neurochirurg wird vorerst als

leitender Oberarzt das Team ergänzen, er besitzt eine starke Persönlichkeit, verfügt über ein exzellentes Fachwissen und ist ein guter Operateur, dies werden die Genossen sehr schnell zu schätzen wissen.
Wir sind überzeugt davon, er wird unserem Chefarzt die Grenzen aufzeigen und ziemlich schnell den Chefsessel avisieren.
Nun besitzt Du alle Informationen, die Du für Deinen Auftrag benötigst und so viel kann ich Dir schon versprechen, Veronika, wenn Du ihn für das Haftkrankenhaus erwerben kannst, hast Du für den Rest Deines Lebens ausgesorgt."
"Verlockender Auftrag, mein Lieber, dann werde ich heute Abend einmal den Herrn Doktor ins Visier nehmen. Bevorzugt er einen bestimmten Kleidungsstil bei Damen?"
"Darüber liegen mir keine Informationen vor. Er lässt nichts anbrennen, soll aber sehr anspruchsvoll in der Wahl seiner jeweiligen Gespielin sein."
"Glaube mir, Stephan, wenn ich erst einmal sein Interesse erweckt habe, dann gehört er mir.
Er ist Mediziner und da kenne ich mich aus, mit Blümchensex und Streicheleinheiten würde ich ihn nicht erreichen, zumal er noch das Kabinenbett mit seiner Gattin teilt und dies ist sicher auch nicht so berauschend für ihn.
Es muss mir gelingen, ihn mit einer außergewöhnlichen Sexpraxis zu fesseln, bis heute Abend bleibt mir noch ein wenig Zeit darüber nachzudenken."
"Dann haben wir alles besprochen, Veronika, ich werde Dich gegen 20.00 Uhr abholen."
Endlich war diese Ungewissheit vorbei, ich kannte jetzt meinen Auftrag und der stellte mich wirklich vor eine große Herausforderung.
Eines lehrte mich die Erfahrung der letzten Jahre,
ich musste blitzschnell handeln um den Mediziner für

die Stasi zu gewinnen.
Er ist ein Mann und zeigt Gefühle, wenn eine charmante Lady das Spiel eröffnet, ein gestandener, interessanter Arzt im besten Mannesalter, da heißt das Zauberwort Erotik.
Am Nachmittag begann ich schon mit den Vorbereitungen für den Willkommensball.
Meine Garderobenwahl fiel auf ein figurbetontes, langes, schwarzes Abendkleid mit hochgeschlossenem Dekolletee und freiem Rücken. Der einzige Schmuck, den ich anlegte, bestand aus einer weißen Südseeperlenkette mit dazugehörigem Ring.
Ein Blick in den Spiegel gab mir die Sicherheit, die richtige Wahl getroffen zu haben.
Als Stephan meine Kabine betrat, stockte ihm der Atem: "Veronika, Du schaust umwerfend aus, das wird er sicher genau so sehen!
Komm, lass uns gehen, begeben wir uns in die Höhle des Löwen."
Als wir den Ballsaal betraten und die gut gekleideten Gäste sahen, erinnerte ich mich an die vielen Festivitäten, die meine Eltern auf ihrem Gut ausrichteten.
Wir wurden zu unserem Tisch geleitet, an dem Doktor B. bereits mit seiner Gattin speiste. Sofort erhob er sich und stellte sich vor. Dies zeugte von gutem Benehmen, aber gleichzeitig taxierte mich sein Blick von Kopf bis Fuß und was er da sah, schien ihm sehr zu gefallen, wiederholt suchte er Blickkontakt zu mir, es knisterte zwischen uns, dieser Punkt ging eindeutig an mich.
Zufrieden beobachtete mein Stasi-Agent das Geschehen.
Langsam kamen wir ins Gespräch, dabei hielt ich mich sehr zurück, wollte keinesfalls ein Risiko eingehen.
Stephan gab gleich zu verstehen, dass wir uns erst auf dem Schiff kennengelernt hätten.
Während des Abends konnte Doktor B. seine Blicke

nicht von mir lassen und suchte das Gespräch:
"Reisen Sie allein?"
"Ja, das ist nun einmal mein Schicksal, mein Mann geht in Frankfurt seinen Bankgeschäften nach, eine Kreuzfahrt lassen seine Termine nicht zu und seine Sekretärin wahrscheinlich auch nicht. Ich bin sehr froh darüber, Herrn Berger auf dem Schiff begegnet zu sein, in Begleitung fühle ich mich wohler."
"Ich bin Arzt und in einer Berliner Universitätsklinik als Chirurg tätig."
"Das ist ja interessant, darüber würde ich gern mehr erfahren."
Noch bevor er mir antworten konnte, sprang seine Gattin auf und zog ihn auf die Tanzfläche.
Spätestens jetzt war mir bewusst, ich werde ihn erobern, sein verstecktes Lächeln sprach bereits Bände und er erkannte genau meine geheimen Wünsche.
Seine Gattin ahnte nichts, vielleicht war sie schon viel zu lang Hausfrau und Mutter.
Stephan bemühte sich sehr um mich, begab sich mit mir ebenfalls auf die Tanzfläche, das war beabsichtigt, denn unser Doktor witterte bereits die drohende Konkurrenz:
"Veronika, Du bist ein Naturtalent, den Doktor hast Du mit Deinem Charme schon erlegt."
"Ja schon, aber das reicht nicht, ich muss eine intime Beziehung aufbauen und seine Frau wacht mit Argusaugen über ihn."
Wir setzten uns wieder und bestellten eine Flasche französischen Champagner, um gemeinsam auf die Kreuzfahrt anzustoßen. Wir blieben beim Sie, nannten uns aber beim Vornamen:
"Jetzt möchte ich mich noch einmal vorstellen, ich bin Roland und dies ist meine Frau Eva."
"Ich bin der Stephan und meine Tischdame hört auf den Namen Veronika."
Roland lächelte.

"Veronika, darf ich um den nächsten Tanz bitten?"
Meine Knie zitterten, mit dem Mediziner auf die Tanzfläche, die erste Hürde ist genommen.
Ich begab mich in seine Arme, sofort spürte ich den Chirurgen, jeden Griff platzierte er an der richtigen Stelle, er hielt mich sehr fest und schaute mir dabei tief in die Augen.
Ich stellte mir die Frage, wer verführt hier eigentlich wen?
Roland sprach kaum beim Tanzen, das gefiel mir sehr:
"Roland, ich möchte Sie in Berlin wiedersehen."
"Dies wünsche ich mir schon seit unserer ersten Begegnung und Sie Veronika, möchten jetzt noch viel mehr, das spüre ich!"
Zwischenzeitlich begaben sich Eva und Stephan auf die Tanzfläche, die sich gut verstanden. Am Tisch wollte ich mich erst einmal der Arztgattin Eva zuwenden, sie in belanglose Themengespräche verwickeln und zum Champagner trinken animieren, damit sie keinen Verdacht schöpft. Dies setzte ich dann auch gleich in die Tat um. Eva sprach über ihre Kinder und langweilte mich mit Rezepten über Gurken- und Quarkmasken, während ihr Gatte mit seiner Hand zärtlich meinen freien Rücken berührte.
Über Moral durfte ich jetzt nicht weiter nachdenken, er ist ein attraktiver Mann und ich muss die Gunst der Stunde nutzen, um ihn zu verführen.
Mir kam die Idee, es noch heute zu tun.
Ich werde ihn überfallen, abenteuerlich und geheimnisvoll, an einen verbotenen Ort, das steigert den Reiz.
Wenn Gerhard mich so sehen könnte, er hat es erreicht, ich prostituiere mich für sehr, sehr viel Geld.
Andererseits schrieb schon Marquis de Sade:
"Ich bin zu der Überzeugung gelangt, dass durch das Laster allein der Mensch in der Lage ist, jenen

moralischen und physischen Reiz zu erleben, der Quelle der köstlichen Sinneslust ist."
Unser Abend war sehr amüsant, wir lachten, tanzten und tranken. Als sich Roland eine Zigarette anzünden wollte, passierte ihm ein Missgeschick, sein Feuerzeug viel zu Boden und rollte unter den Tisch. Er ging in die Hocke um es aufzuheben.
Sofort nutzte ich die Situation und spreizte leicht meine Oberschenkel, so dass er erkennen konnte, dass ich keinen Slip unter meinem Abendkleid trug. Dies brachte ihn nun völlig aus der Fassung, ich dagegen zeigte keinerlei Reaktion und führte angeregt meine Unterhaltung mit Stephan fort.
Zwischenzeitlich suchte Eva ihre Kabine auf, um ihr Make-up aufzufrischen.
Roland nutzte sogleich die Gelegenheit, ein WC aufzusuchen und entschuldigte sich bei uns für die kurze Abwesenheit. Ich gab Stephan ein Zeichen und folgte ihm.
Der Vorraum des Herrenwaschsalons zählte eine Fläche von mindestens dreißig Quadratmeter. Die Waschbecken aus hochwertigem Porzellan und vergoldeten Armaturen spiegelten das Luxusambiente des Schiffes wieder.
Nachdem ich mich davon überzeugte, dass sich außer Roland kein Gast mehr im Raum befand, schob ich blitzschnell einen weißen Lederstuhl unter die Türklinke und verwehrte somit weiteren Gästen den Zutritt.
Dann ging ich zu ihm, er riss mich sofort an sich:
"Veronika, ich wusste dass wir heute noch etwas Verbotenes tun würden."
Wortlos zog ich mein Kleid hoch, stellte ein Bein auf den Frisiertisch, presste ihn gegen die Wand und sog ihn tief in mein Becken.
Es ging sehr schnell, aber ich hatte mit ihm den besten Sex aller Zeiten.

Anschließend begaben wir uns wieder an unseren Tisch und führten die Unterhaltung fort.
Wir waren beide noch stark erregt, wollten es noch einmal.
Roland führte mich auf die Tanzfläche und flüstere mir ins Ohr:
"Ich will Dich jetzt spüren, küssen, schmecken, ich bin verrückt nach Dir."
"Dann komm zum Deck A, wenn Eva und Stephan tanzen. Deine Frau ist schon leicht beschwipst, sie wird es nicht bemerken."
Wir gingen zum Deck und setzten uns in einen Standkorb, um uns tobte der Atlantik, als ich seine Smoking-Hose öffnete und ihn leidenschaftlich küsste.
Dabei schrie Roland so laut, dass ich befürchtete, man könnte uns entdecken.
Mit meiner Vermutung lag ich richtig, der "Schmetterling" bringt beim oralen Liebesspiel auch den stärksten Mediziner um den Verstand.
Unsere kleine Eskapade blieb auch diesmal unentdeckt, als wir abschließend noch einmal miteinander tanzten, suchte ich das Gespräch mit ihm:
"Roland, siehst Du eine Möglichkeit, dass wir uns einmal ungestört unterhalten könnten?"
"Ja sicher, vielleicht in Deiner Kabine?"
"Nicht in meiner Kabine, ich sprach vom miteinander sprechen, Herr Doktor, nicht vom Sex, den können wir sehr gern in Berlin hemmungslos fortführen."
"Entschuldige, meine Liebe, aber nach diesem Abend fällt es mir schwer, in Dir die Geschäftsfrau zu sehen.
Wir können uns morgen Vormittag in der Bibliothek treffen, da sind wir vor Eva sicher."
Die Ballnacht ließen wir mit einem süßen Dessert ausklingen und ich fühlte mich so gut wie schon lang nicht mehr. Stephan begleitete mich noch zu meiner Kabine:

"Veronika, lass uns noch einen Mocca zusammen trinken. Heute Abend habe ich verstanden, warum sie nur Dich für diesen Auftrag haben wollten. Du scheinst für diesen Job geboren.
Es ist unbegreiflich für mich, wie Du einen fremden Mann, der sehr anspruchsvoll zu sein scheint, so schnell kopflos machst. Beim Ball habt ihr es zweimal miteinander getrieben und Eva hat nichts bemerkt. Wie schaffst Du das nur?"
"Das kann ich Dir auch nicht sagen, Intuition, ein wenig Menschenkenntnis, vor allem aber habe ich viel Spaß an dieser Tätigkeit.
Meine Zielobjekte sind immer frisch geduscht, tragen saubere Unterwäsche, sind bestens gelaunt und im Bett wilde Tiger, damit ich ihnen danach den besten Sex aller Zeiten bestätige. Stephan, es mag jetzt vielleicht kitschig klingen, aber ich denke mit dem Herzen und das fühlen die Menschen, sie vertrauen mir und wenn ein Mann spürt, dass eine begehrenswerte Frau sich nach Zärtlichkeit und Berührung sehnt und ihn dafür auswählt, dann landen sie früher oder später immer im Bett."
"Interessant, ich werde Euch Frauen niemals verstehen."
"Ja, ich kann dazu nur kommentieren, Schach matt durch die Dame im Spiel, Stephan.
Für morgen habe ich mich mit Roland in der Bibliothek verabredet, dann werde ich ihn gleich vor die Tatsache stellen, für uns tätig zu sein."
"Das halte ich für zu verfrüht."
"Keinesfalls, mir steht nicht mehr viel Zeit zur Verfügung und noch fasziniert ihn der Gedanke an eine Affäre mit mir. Gegen Frau und Geliebte zu konkurrieren, ist auch für mich eine Herausforderung, der ich mich nicht unbedingt stellen möchte, auch wenn er ein faszinierender Mann ist."
Rückblickend gesehen, hatte ich das große Glück,

während meiner Agententätigkeit ausschließlich auf interessante und charmante Männer zu treffen mit denen mir die sexuellen Aktivitäten höchsten Genuss und volle Befriedigung bereiteten.
Kein Luxusambiente, war zu kostspielig, um mit ihnen darin wilde Sexexzesse auszuleben und der Erfolg gab mir Recht.
Moralisch hatte ich ein gutes Gefühl dabei, im Gegensatz zu Edelprostituierten wurde ich ausschließlich von der Stasi belohnt.
Am nächsten Tag erwartete mich Roland schon in der Bibliothek:
"Veronika, schön Dich zu sehen. Wie geht es Dir?"
"Sehr gut, darf ich Dich einmal umarmen?"
Dabei küsste er mich so innig, dass mir ganz schwindlig wurde. Wir setzten uns und tranken Tee:
"Roland, ich möchte es gleich auf dem Punkt bringen. Ich weiß von Deinen Spielschulden, mein Mann ist Bankier und hat seine Finger überall im Spiel. Du hättest eine Chance, Deine Spielschulden, die schon sehr beträchtlich sind, über Nacht zu tilgen.
Wie klingt das für Dich?"
"Sehr gut, Du kommst wohl immer gleich zur Sache, wenn ich dabei an die vergangene Nacht denke, aber das imponiert mir. Was, meine Schöne, verlangst Du dafür, soll ich Deinen Gatten vergiften?"
"Sicher nicht, kannst Du Dir vorstellen, dreimal wöchentlich in einem Ostberliner Krankenhaus, zu operieren?
Ein Dienstfahrzeug mit Fahrer würde man Dir stellen."
"Von der Idee her hätte ich erst einmal nichts einzuwenden, ich könnte mich damit anfreunden und wo ist der Haken dabei?"
"Es gibt keinen Haken, uns fehlen Neuchirurgen, Du würdest vorwiegend in einem Haftkrankenhaus operieren. In Ausnahmefällen, wenn es sich um

Politiker handelt, stehst Du im OP einer Uniklinik. Für bestimmte Operationen würdest Du einen Sonderbonus erhalten.
Solltest Du Dich einverstanden erklären, werden Deine gesamten Spielschulden getilgt und Du wärst schuldenfrei. Roland, mehr Informationen kann ich Dir diesbezüglich nicht geben.
Du musst Dich nicht gleich äußern, bis zum Ende der Kreuzfahrt, erwarte ich aber eine Entscheidung von Dir. Solltest Du zustimmen, werden sich die zuständigen Stellen in Berlin mit Dir in Verbindung setzen und alles Weitere veranlassen."
"Veronika, Du kannst Deinen Auftraggebern schon jetzt meine positive Entscheidung mitteilen. Eine Bedingung aber stelle ich doch, ich möchte mit Dir mindestens einmal wöchentlich zusammen sein und befreit von allen Spielschulden, kann ich ein ungezwungenes Leben führen. Das ist meine Forderung."
"Wunderbar, dann werde ich es genau so übermitteln. Ich danke Dir Roland."
"Veronika, ich wäre jetzt gern für einen Augenblick mit Dir allein."
"Dann begleite mich schnell zur Kabine, bevor ich Dir hier die Kleidung vom Körper reiße!"
Auf der Kreuzfahrt kam ich erst jetzt vollständig in den Genuss, bei schönstem Wetter, die wundervollen Naturschauspiele am Nordkap zu erleben.
In Berlin hielt ich weiterhin engen Kontakt zu Roland. Er operierte in der Haftklinik und besuchte kaum noch Spielcasinos. Für diesen erfolgreich durchgeführten Auftrag belohnte mich die Stasi königlich, ein weißer Fiat mit Sonderausstattung und schwarzen Ledersitzen, stand kurz darauf in meiner Garage.
Mit fortschreitendem Alter musste auch ich akzeptieren, mich im Interesse der Stasi, anderen Aufgaben zu widmen.

Aber ich hatte eine bildhübsche und intelligente Tochter, die mit ihrem natürlichem Charme und nur einem Blick, einen Mann aus dem Gleichgewicht bringen konnte.
Dies blieb auch der Staatssicherheit nicht verborgen, sie wollten Regina haben und zwangen mich, sie gründlich auf diese Aufgabe vorzubereiten. Dafür musste ich auf Weisung der Organe meinen Wohnsitz wechseln und zog mit meinem Ehemann Wilfried und Tochter Gerda nach Westberlin.
Regina machte uns einen Strich durch die Rechnung, ehelichte einen promovierten Wissenschaftler, der zu allem Übel auch noch in einem Ministerium eine Führungsposition bekleidete und niemals zugelassen hätte, dass sie für die Hauptabteilung Aufklärung tätig ist.
Diesen Plan mussten wir vorerst auf Eis legen.
Gerhard sorgte dafür, dass ich weiterhin in Westberlin für die Stasi arbeitete und recherchierte.
Viele Künstler flohen schon in den Siebzigern in den Westen und je erfolgreicher sie waren, desto lauter schimpften sie auf die SED und ostdeutschen Künstler, sie verfestigten bei vielen Bundesdeutschen die Meinung, die DDR habe nichts als spießige Einheitsästhetik hervorgebracht. Im Osten wachten Parteigremien über die Einhaltung der Normen und bestrafte die Künstler für Abweichungen.
Jedem Gastspiel im Westen ging ein langer Genehmigungsweg voraus, trotzdem nutzten viele Künstler bei Gastspielen die Gelegenheit, im Westen zu bleiben.
Mit Hilfe ihrer Auslandsagenten versuchte die Stasi, meist erfolgreich, den Künstlern den Erfolg zu verbauen. Vielen von ihnen, die in der DDR sehr erfolgreich waren, gelang es daraufhin nicht mehr, sich auf dem Markt zu behaupten.

Für Gerhard war ich diesbezüglich weiterhin tätig, er selbst wohnte und lebte in Ostberlin.
Regina schlug als junge Mutter den zweiten Bildungsweg ein und absolvierte ein Studium in Betriebswirtschaft, was sie auch durch Unterstützung ihres Ehemannes erfolgreich abschloss.
Erneut startete die Stasi einen Versuch sie zu gewinnen. Ihr Mann befand sich dienstlich sehr häufig im Ausland, somit sahen wir eine Chance sie zu verpflichten.
Sie wurde mit außergewöhnlichen Privilegien angeworben.
Ihre Ehe war nicht glücklich, sie eine sehr sinnliche Frau, schnell hatten wir einen passenden "Romeo-Agenten" für sie gefunden. Ein charmanter Mann mit Professur an einer Berliner Universität. Er leistete ganze Arbeit, sie verliebte sich in ihn und er leider auch in sie.
Regina brachte ihn fast um den Verstand, er gestand ihr seine Stasi-Tätigkeit, daraufhin beendete sie sofort die Beziehung.
Wir flogen auf und standen wieder am Anfang.
Zwischenzeitlich statteten wir sie unter größter Geheimhaltung mit einem Reisepass aus, somit konnte sie uns wöchentlich in Westberlin besuchen. Als Erklärung musste ein amtsärztliches Attest herhalten, das mir eine lebensbedrohliche Erkrankung bescheinigte.
Sie glaubte es und musste über ihre Westbesuche Stillschweigen bewahren.
Ihr Ehemann brachte sie nach dem Studium in einem renommierten Außenhandelsunternehmen unter, diese Tätigkeit erforderte viele Dienstreisen, Regina war in ihrem Element, sehr erfolgreich, man schätzte ihre Arbeit.
Wiederholt starteten wir den Versuch, sie auf eine Agententätigkeit vorzubereiten. Wöchentlich fuhr sie einmal nach Westberlin, wurde vorsorglich durch die

Diplomatenabfertigung delegiert um späteren Zollkontrollen zu entgehen.
Doch Regina beeindruckte dies nicht, sie ging weiter ihren eigenen Weg, wurde von einem Regisseur des Deutschen Fernsehfunks angesprochen, begann mit ihm eine heiße Affäre, stand kurze Zeit später vor der Kamera und spielte in Fernsehserien.
Das Künstlermilieu entsprach nicht ihren Vorstellungen, sie verabschiedete sich von Film und Regisseur und ließ dieses Kapitel hinter sich.
Jetzt verstärkte die Stasi den Druck auf mich, meine Tochter endlich in die richtigen Bahnen zu lenken. Aber Regina war mir sehr ähnlich, sie ließ sich nicht lenken, konzentrierte sich auf eine neue Beziehung, trennte sich von ihrem Ehemann und reichte die Scheidung ein.
Sie war so stark wie nie und sehr engagiert im Beruf.
Ich gab endgültig auf, sie für die Staatssicherheit zu gewinnen.
Jeden Auftrag vom MfS habe ich erfolgreich ausgeführt, die stärksten Männer in die Knie gezwungen, aber es gelang mir nicht, meine Tochter zu verbiegen.
Bei allem was ihr angetan wurde, zeigte Regina Größe und ermöglichte uns einen luxuriösen Lebensabend, indem sie uns in einer der schönsten Seniorenresidenzen Berlins unterbrachte.

Ich blicke mit Stolz zurück auf mein bewegtes Leben, vielleicht wäre einiges anders verlaufen, wenn sich Gerhard, der Mann, in den ich mich schon als junges Mädchen hoffnungslos verliebte, zu mir und unserer gemeinsamen Tochter Gerda bekannt hätte und ich schäme mich keinesfalls dafür, dass er immer der wichtigste Mensch in meinem Leben war.

Anmerkung der Autorin

Ich kann mich noch genau an den Tag erinnern, als ich mich auf der Couch meines Psychoanalytikers befand und er mir erklärte, dass das orgastische Potential von Frauen zu dem Grad an Sicherheit in Beziehung stehe, die sie einst bei ihrem Vater gefunden hatten.
Meine spontane Reaktion darauf war und was ist mit der Beziehung zu meiner Mutter?

Meine Mutter wuchs nicht in einem Zeitalter auf, in dem Frauen das Gefühl hatten, wählen zu können. Sie musste die Sicht der Realität, die meine Großmutter sie lehrte, immer akzeptieren. Durch die "Zwangsehe" mit meinem Vater, betrog sie sich um alles Übrige, sie zerstörte sich selbst, ihre Gefühle auf ein familiär, harmonisches Leben.
Meines Erachtens hätte sie unter diesen Voraussetzungen niemals Mutter werden dürfen, denn in den Tiefen der ersten Nähe zu unserer Mutter, ihrer Liebe zu uns in den ersten Lebensjahren, wird das Fundament an Selbstachtung gelegt, auf dem wir für den Rest unseres Lebens unsere guten Gefühle in Bezug auf uns selbst aufbauen.
Diese Nähe zu ihr habe ich nie erleben dürfen, schon kurz nach meiner Geburt verließ sie mich und ihr Elternhaus, zog mit meinem Vater nach Berlin und begann ihre Stasi-Karriere.
Aus heutiger Sicht betrachte ich es als Glück, meine ersten fünf Lebensjahre auf dem Landschloss meiner Großeltern verbracht zu haben, sie ermöglichten mir eine unbeschwerte Kindheit und bereiteten mich mit viel Liebe auf das Leben vor.

Durch den frühzeitigen Tod meiner Großmutter, sah sich meine Mutter nun gezwungen, ihre ungeliebte Tochter in Berlin aufzuziehen.
Zeitgleich wurde sie von meiner Schwester entbunden, die sie mit ihrer großen Liebe, einem "Romeo-Agenten" der Staatsicherheit zeugte.
Als unerwünschte Tochter hatte ich in Abhängigkeit von der Mutter zu funktionieren, doch wie war sie wirklich, wie erlebte ich sie als Kind, Jugendliche und junge Frau?
Ich gehörte zu den Kindern, die mit Hauspersonal und Privatlehren in der damaligen DDR in einem wohlhabenden und privilegierten Elternhaus aufwuchsen.
Meine Mutter war eine sehr schöne und temperamentvolle Frau, als junges Mädchen deutete ich ziemlich schnell ihre Aktivitäten.
An manchen Abenden hielt sie sich sehr lange im Badezimmer auf, genoss ausgiebige Schaumbäder mit Kerzen und Champagner, sprühte sich nach dem Abtrocknen, französisches Parfüm zwischen ihre Innenschenkel und befestigte einen Diamanten im Bauchnabel.
Sie legte schwarze Strapse um ihre Hüften, befestigte daran hauchdünne Nylonstrümpfe und bevor sie ein Spitzenhöschen anzog, schnitt sie mit der Schere eine Öffnung in den Zwickel.
Ihre Oberbekleidung komplettierte ein klassisches Chanel Kostüm, die langen dunklen Haare
frisierte sie elegant zur Hochsteckfrisur.
Wenig später wurde sie von einem schwarzen Wolga abgeholt und wieder verschwand sie mit Reisegepäck für einige Tage.
Häufig erlebte ich, dass sie spät abends ihren Geliebten im Spitzen Negligee empfing und mit ihm im oberen Wohnbereich, die Nacht verbrachte.

Wenig später stöhnten sie beim Liebesspiel so laut, das ich meine Ohren zuhalten musste, um einschlafen zu können.
Mit ansehen zu müssen, wie mein Vater alles willenlos über sich ergehen ließ, dabei versuchte, stark zu sein, sich diese Demütigung nicht anmerken zu lassen, ließ ein Gefühl von Hass, Ekel, Wut und abgrundtiefe Verachtung, ihr gegenüber, in mir aufkommen.
An meinem achtzehnten Geburtstag überraschte sie mich mit einer Tanzparty.

Ihre große Liebe, Gerhard, weilte mit unter den zahlreichen Gratulanten. Sie bemerkte sein zunehmendes Interesse an mir, das er beim Tanzen noch vertiefte. Für mich war er ein Mann wie jeder andere, ich schenkte seinem Verhalten weiter keine Beachtung.
Meine Mutter aber zeigte ihre Emotionen nach der Party sehr deutlich, sie betitelte mich als Flittchen, schrie, schlug und bespuckte mich.
Das größte Übel, das sie mir je antun konnte, war nicht der Hass gegen mich, sondern ihre Gleichgültigkeit, die sie mich ein Leben lang spüren ließ.
Nachdem sie mir ihre Lebensgeschichte offenbarte, vergilbte Briefe und Fotos zeigte, erweckte sie in mir das Interesse, Zugang zu den Unterlagen des Staatssicherheitsdienstes der ehemaligen DDR, zu meiner Person zu beantragen, die möglicherweise vorhanden waren.
Ich beantragte bei den zuständigen Behörden Akteneinsicht in meine Stasi-Akte.
Die Recherchen in den Karteien und Beständen der Bezirksverwaltungen haben zu meiner Person eine Registrierung in der Person- und Vorgangskartei der HVA (so genannte Rosenholz – Dateien) mit

entsprechender Registriernummer ergeben. Bei diesen Daten handelt es sich um die noch vom MfS mikroverfilmten Karteien der Hauptabteilung Aufklärung, die vorrangig für die Auslandsaufklärung, Gegenspionage sowie für "aktive Maßnahmen" insbesondere in NATO-Staaten zuständig waren.
Für mich wurde eine Arbeits- und Personalakte angelegt, die auch einen Decknamen auswies.
Die HVA war in der Struktur des MfS von den übrigen Diensteinheiten weitgehend abgekoppelt.
Sie verfügte über ein eigenes Archiv, das mit Billigung der letzten DDR-Regierung bis einschließlich Juni 1990 vernichtet wurde, so dass mir nur noch die Kopien der mikroverfilmten Karteien ausgehändigt werden konnten, aus denen eindeutig hervorging, dass meine Mutter umfassende Vorbereitungen traf, mich zu einer Auslandsagentin der Staatssicherheit ausbilden zu lassen...

Inhalt

Vorwort	....	7
Kapitel 1	Erinnerungen	11
Kapitel 2	Deutschland im Frühjahr 1943... ...	38
Kapitel 3	Nachkriegsjahre	51
Kapitel 4	Im Visier des Geheimdienstes	57
Kapitel 5	Abschied vom Gut der Eltern und Großvater Graf Wilhelm	68
Kapitel 6	Schicksalhafte Begegnungen in Berlin	78
Kapitel 7	Gerhard, ein Stasi-Agent, der mich nicht liebte	84
Kapitel 8	Das geheime DDR-Zuchthaus "Schloss Hoheneck"	93
Kapitel 9	Mein "kindischer" Plan	98
Kapitel 10	Sieg oder Selbstaufgabe	105
Kapitel 11	Begegnungen in Leipzig	111
Kapitel 12	Von Tamara zum TANTRA (Elite-Ausbildung vom MfS) ...	125
Kapitel 13	Leben mit der Mauer	133
Kapitel 14	Erotik öffnet jeden Tresor	142
Kapitel 15	Verführung bis zum Nordkap	158
Anmerkung der Autorin	....	179

www.ingramcontent.com/pod-product-compliance
Lightning Source LLC
Chambersburg PA
CBHW072133160426
43197CB00012B/2091